監修者——加藤友康／五味文彦／鈴木淳／高埜利彦

［カバー表写真］
かぶき者の喧嘩
(『江戸名所図屏風』部分)

［カバー裏写真］
徳川光圀像と『大日本史』草稿本

［扉写真］
徳川光圀陶像

日本史リブレット人 048

徳川光圀

「黄門さま」で名高い水戸藩主

Suzuki Eiichi
鈴木暎一

目次

黄門漫遊話の虚実

一九六九（昭和四十四）年から始まったテレビドラマ「水戸黄門《みとこうもん》」は、前例のない長寿番組として、黄門役の俳優をかえながら現在も続いている。ドラマのなかの「水戸黄門」は、「前《さき》の副将軍水戸光圀公▲」が、越後《えちご》（新潟県）の縮緬《ちりめん》問屋の隠居、光右衛門《みつえもん》に扮《ふん》し、助《すけ》さん（佐々木助三郎《ささきすけさぶろう》）・格《かく》さん（もと渥美格之丞《あつみかくのじょう》、いまは渥美格之進《かくのしん》）という若侍たちをともなって諸国をめぐり、代官《だいかん》・家老《かろう》あるいは彼らと結託している悪徳商人どもの不正をあばき、終末近く「この紋所が目にはいらぬか」という格さんの一喝で悪人を処罰し、善良な庶民を救って一件落着となる。毎回、勧善懲悪《かんぜんちょうあく》の決まった筋書である。

こうしたいわば黄門名君《めいくん》話は、十八世紀半ばころにでた『水戸黄門仁徳録《じんとくろく》』

▼**公**　「公」は太政《だいじょう》大臣・摂政《せっしょう》・関白《かんぱく》・左《さ》大臣・右《う》大臣・内《ない》大臣の尊称。大納言《だいなごん》・中《ちゅう》納言・参議《さんぎ》および三位《さんみ》以上の官人の尊称は「卿《きょう》」。光圀は後述するように「権《ごん》中納言」であるから尊称としては「卿」が正しい。

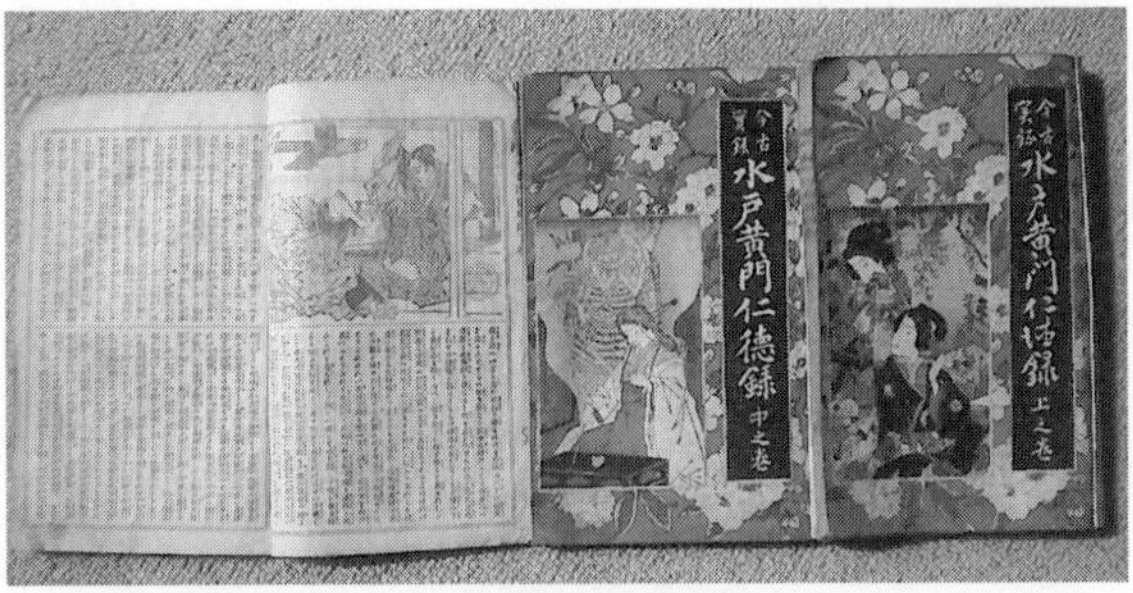
『水戸黄門仁徳録』（1883〈明治16〉年刊行）

▼**実録小説**　事実に空想などを交えて実録らしい体裁をとった江戸時代の読み物の一つ。

▼**光国**　「光国」を「光圀」と改めることについては一二ページ参照。

（一名『水戸黄門記』）と題する実録小説▲が起源らしい。そこでの黄門は、幕府《ばくふ》の内紛や大名《だいみょう》のお家騒動に際し、悪人の奸計《かんけい》をみぬいて政道を正す「水戸光国▲卿」として、隠居後は諸国をめぐりながらさまざまの奇想天外な冒険にかかわる「西山公《せいざんこう》」▲として、登場する。

以後この物語は、幕末から明治にかけて全国的な拡がりをみせ、明治二十年代の後半になって助さん・格さんをともない諸国を漫遊しながら悪事を正すという今日の「水戸黄門」の原型ができあがった、といわれる（金海南『水戸黄門「漫遊」考』）。

この「水戸黄門」は、明治以降、講談・芝居・小説・映画の恰好《かっこう》の題材となって人気を博してきたが、今ではもっぱらテレビ画面上の人物である。

テレビドラマ「水戸黄門」の主人公、すなわち「前の副将軍水戸光圀公」が、尾《お》張《わり》・紀伊《きい》両家とともに徳川三家《さんけ》（御三家《ごさんけ》）の一つ水戸家（水戸藩《はん》）の二代藩主で『水戸黄門仁徳録』がでる半世紀ほど前の一七〇〇（元禄《げんろく》十三）年に世を去った徳川光圀をモデルにしていることはよく知られている。しかし、三家の藩主や前藩主が諸国を自由に旅できるはずはなく、実際光圀が藩外にでて旅らしい旅をしたのは、あとに述べるように、日光東照宮《にっこうとうしょうぐう》▲の参詣と、養祖母英勝院《えいしょういん》（お勝《かち》の方《かた》。徳川家康《とくがわいえやす》の側室）の眠る英勝寺《えいしょうじ》▲への墓参をおもな目的とした鎌倉《かまくら》への旅だけである。また「副将軍」という役職ももとより存在しない。

したがって、明治以降の講談・芝居から今日のテレビドラマまで、黄門の漫遊話はフィクションである。にもかかわらず、これらが時代を超えて高い人気を保ってきたのは、いつの世にも変わらぬ民衆の素朴な正義感と「お上《かみ》」への抵抗の意識が「水戸黄門」という人格に託して語られているからであろう。

それでは、実在の徳川光圀の生涯や事蹟のなかに、名君物語や漫遊話がつくられるなんらかの素因があったのかどうか。

光圀の生涯をみわたしてみると、藩主在任中から老人や身寄りのない者の生活保護のための施策に意を用いるとともに、孝子節婦《こうしせっぷ》の表彰にも力をいれていた。隠居後には、水戸城から北へ五里（約二〇キロ）ほどのところに構えた山荘（そこが西山《にしやま》という地名なので、光圀が名づけたわけではないが一般に西山荘《せいざんそう》と呼ばれている）を拠点にほとんど席のあたたまる暇もないほど藩内各地の巡見に精をだし、民情の視察に余念がなかった。

▼**西山公**　光圀は隠居後、藩内久慈《くじ》郡新宿《あらじゅく》村西山《にしやま》というところに隠居所を建てて住んだ。七〇ページ参照。

▼**日光東照宮**　栃木県日光市山内《さんない》にある徳川家康の霊廟《れいびょう》。一六一七（元和《げんな》三）年駿河《するが》（静岡県）久能山《くのうざん》から下野《しもつけ》（栃木県）日光山へ改葬。今日に残る社殿は一六三四〜三六（寛永《かんえい》十一〜十三）年にかけて造営。権現《ごんげん》造りで霊廟建築の代表的な遺構。

▼**英勝寺**　鎌倉市扇ケ谷《おおぎがやつ》にある尼寺。太田道灌《おおたどうかん》の旧蹟に建つ。初代藩主頼房《よりふさ》の養母英勝院（道灌の玄孫《げんそん》）の創建（一六三六〈寛永十三〉年）で、その後代々水戸徳川家の息女が住持となった。

光圀在世当時の、諸大名の評判記というべき『土芥寇讎記《どかいこうしゅうき》』▲巻三の光圀の項には、文武両道を学び、仏道を修行し、学者を招いて学問興隆につとめたことをたたえるとともに、世評も仁礼明哲《じんれいめいてつ》の良将、天下の至宝《しほう》たるべし、と最大級の賛辞を呈している、という文言《もんごん》がある。

一方、連れの助さん・格さんのそれぞれモデルといわれる佐々介三郎十竹《さっさすけさぶろうじっちく》▲(宗淳《むねきよ》)・安積覚兵衛澹泊《あさかかくべえたんぱく》▲(覚《さとる》)は、光圀が編纂を始め、次の三代藩主徳川綱條《つなえだ》(一六五六〜一七一八)により『大日本史《だいにほんし》』と命名される一大修史事業にかかわった主要メンバーで、ともにその編纂局(史局《しきょく》)の総裁をつとめた実在の優秀な儒学者《じゅがくしゃ》である。佐々は、光圀の命を受けて修史のための史料調査・収集に諸国を旅し、薩摩《さつま》(鹿児島県)南西端の坊津《ぼうのつ》(南さつま市坊津町)まで足を伸ばしている。佐々だけでなく、全国各地から招聘《しょうへい》された多くの編纂局勤務の学者のなかには、単独であるいは数人の編成で、奈良・京都など畿内《きない》をはじめ、東北・中国・北陸・九州など各地へ出かけ史料の調査・収集に尽力した人もおり、佐々はそうした調査旅行の隊長格とみなすことができる。安積は旅にはでず、水戸と江戸の編纂局で修史の業務に専念した。

▼**『土芥寇讎記』**　一六九〇〜九一(元禄三〜四)年ころ、当時の全国大名二四三人について、その藩の政治・経済・士民の生活などを個別に探索して記録し、これに編者(幕臣《ばくしん》か?)の人物評を加える。四三巻。

▼**佐々十竹**　一六四〇〜九八年。水戸藩前期の儒学者。諱《いみな》は宗淳、十竹は号。京都の妙心寺《みょうしんじ》の禅僧《ぜんそう》だったが還俗《げんぞく》。三五歳のとき光圀に仕えた。

▼**安積澹泊**　一六五六〜一七三七年。水戸藩前期の儒学者。藩士安積貞吉《さだよし》(希斎《きさい》)の子。諱は覚。澹泊は号。後述する朱舜水《しゅしゅんすい》の門人。新井白石《あらいはくせき》・荻生徂徠《おぎゅうそらい》らとも交流があった。著書には『澹泊斎文集』『西山遺事』などがある。

このようにみると、黄門の漫遊話やその源流といわれる『水戸黄門仁徳録』の記述には、まったくの作り話ともいえないところがある。

江戸時代に限っても、「名君」との評判をえている人物は少なくないであろうが、光圀ほどその伝記や言行録《げんこうろく》が多く残っている例はなく、しかもそれが水戸地方に限られず、全国に伝えられているのである。そこに後年、黄門の漫遊話がつくりだされ広がっていく素地があった、とみることもできる。

ともあれ、本書では、数多く残っている光圀自身の詩文や書簡(これらは『水戸義公全集』所収)をはじめ、近侍《きんじ》の家臣《かしん》の記した光圀の言行録である『義公行《ぎこうぎょう》実《じつ》』▲『桃源遺事《とうげんいじ》』▲『玄桐筆記《げんとうひっき》』▲『義公遺事』▲などを基本史料として、光圀の生涯をたどり、その人間像に迫ってみたい。もっとも、近侍の者の記録した文献には、光圀の言行を美化したり、誇張や潤色の加えられている箇所もあるから、当然その取扱いには慎重を期さなければならない。

こうした配慮のもと史料を吟味しながら使うことによって、名君伝説のヴェールに包まれてきた「水戸黄門」の事蹟を明らかにし、その実像に近づくことができれば、それとの比較において虚像の生まれ出た根拠や理由もはっきりする

▼**『義公行実』** 光圀死去の翌一七〇一(元禄十四)年、藩主綱條の命で安積澹泊ら四人が編んだ光圀の漢文体《かんぶんたい》伝記。義公は光圀の諡号《しごう》。のち一七二三(享保八)年に光圀の文集『常山文集』が出版される際、その巻末に付録として刊行。そのとき安積により内容の全般的な再検討が加えられた。

▼**『桃源遺事』** 光圀死去の翌一七〇一(元禄十四)年に三木之幹《みきゆきもと》ら三人の編集になる和文《わぶん》による光圀の言行録。一名『西山遺事』。

▼**『玄桐筆記』** 光圀の侍医《じい》で晩年には近侍した井上玄桐の筆になる光圀の言行録。

▼**『義公遺事』** 中村篁渓《こうけい》(五五ページ参照)著。光圀に近侍していた時期に見聞した光圀に関する行実・逸話や篁渓自身が光圀の命を受けて活動した体験などを記す。

「義公生誕之地」に立つ祠堂　一九七二(昭和四十七)年に三木之次の後裔《こうえい》にあたる三木啓次郎氏が建てたもの。もとの三木邸屋敷地の北限よりさらに北へ七、八十メートルほどのところに位置している。

▼三木之次　一五七五〜一六四六年。一六〇四(慶長《けいちょう》九)年家康の命で頼房に仕える。頼房は一六〇六(慶長十一)年から常陸下妻《しもつま》藩主、〇九(同十四)年から水戸藩に転じたが、之次は引き続き仕え、大番頭《おおばんがしら》となり、老中をかね、一九(元和《げんな》五)年には一〇〇〇石《こく》を給される重臣となる。

にちがいない。

　それでは、十七世紀という歴史の舞台に生きた水戸黄門こと徳川光圀の生涯と人間像を探るあらたな旅へ出発することにしたい。

①—生い立ちから襲封まで

誕生の秘密

徳川光圀は一六二八(寛永《かんえい》五)年六月十日、水戸《みと》城下《じょうか》柵町《さくまち》(水戸市宮町《みやまち》)の、家《か》臣《しん》三木《みき》之次《ゆきつぐ》▲(仁兵衛《にへえ》)・武佐《むさ》▲夫妻の邸で生まれた。父は初代藩主の徳川頼房《よりふさ》▲、時に二六歳。母はその側室の一人で久《ひさ》(一般に久子《ひさこ》といわれているので、本書でも以下これを用いる)、時に二五歳。父の頼房は、江戸幕府《えどばくふ》の初代将軍徳川家康《いえやす》の末子、十一男なので、光圀は家康の孫にあたる。幼名を長丸《ちょうまる》という。

『桃源遺事《とうげんいじ》』『義公遺事《ぎこう》』によれば、頼房は久子が懐妊したとき、堕胎せしめよ、と申し渡したのに、久子を哀れに思った三木夫妻は、久子をわざわざ江戸から水戸の自邸に迎え、しかも頼房には内密にして出産させた、という。当時三木邸は、今の水戸駅構内の、常磐《じょうばん》・水郡《すいぐん》・鹿島《かしま》各線の発着ホームの東端を中心としたところにあった。

光圀は、五歳まで三木家の子として成長し、六歳のとき、七、八人いた頼房の子息のなかから、長丸すなわち光圀が三代将軍徳川家光《いえみつ》▲の裁定によって世子《せいし》

▼**武佐**　一五七一〜一六五八年。頼房の乳母。頼房に仕える以前は女官《にょかん》として後陽成天皇の女御《にょうご》中和門院《ちゅうわもんいん》(関白近衛前久《さきひさ》の娘)に仕えた。賢夫人《けんぷじん》の誉れ高かったという。

▼**徳川頼房**　一六〇三〜一六六一年。三歳で常陸下妻一〇万石に封ぜられ、七歳で水戸二五万石に移る。幼少時は駿府《すんぷ》および江戸城に居住し、領地は父徳川家康が家臣を指図して支配させた。一六二二(元和八)年、二八万石に増封。

▼**徳川家光**　一六〇四〜五一年。二代将軍徳川秀忠の二男。武《ぶ》家《け》諸法度《しょはっと》の改定、参勤交代《さんきんこうたい》の制度化、いわゆる「鎖国《さこく》」の断行など、江戸幕府の支配体制を固めた。

（世継ぎ）と決まり、江戸へのぼるのであるが、実は久子には頼房の子がもう一人いたのである。光圀より六歳年上の頼重《よりしげ》がその子で、のちに讃岐《さぬき》（香川県）高松《たかまつ》一二万石の初代藩主となる人物。頼重と光圀とのあいだには、おかつ（佐々木《ささき》氏）所生の四歳で死去した亀丸《かめまる》がいたので、光圀は三男ということになるのである。

これよりさき、久子が頼重を身ごもったときにも、頼房は堕胎を命じたのに、当時江戸の麴町《こうじまち》に屋敷のあった三木夫妻はやはり自邸に久子を引きとって出産させている。久子は、常陸松岡《ひたちまつおか》（茨城県高萩《たかはぎ》市）城主の戸沢政盛《とざわまさもり》（四万石）の家臣谷《たに》重則《しげのり》の女《むすめ》で、他の側室と比べ身分が低く、久子所生の子を世子とすることには大きな支障があったとみられる。

久子の兄に生涯正室はおかないから是非にと頼んで久子を側室に迎えたほど頼房は久子を寵愛し、久子に男児誕生をみたならば世子にという念願をかねてから密かにいだいていた。しかしながら頼重については、久子を幕府に側室として正式に届け出る以前の出生だったので、世子とすることは無理であった。

そこで、次子の光圀に大きな期待をよせ、甥《おい》である将軍家光に内密に頼み込

徳川頼房像

光圀関係略系図

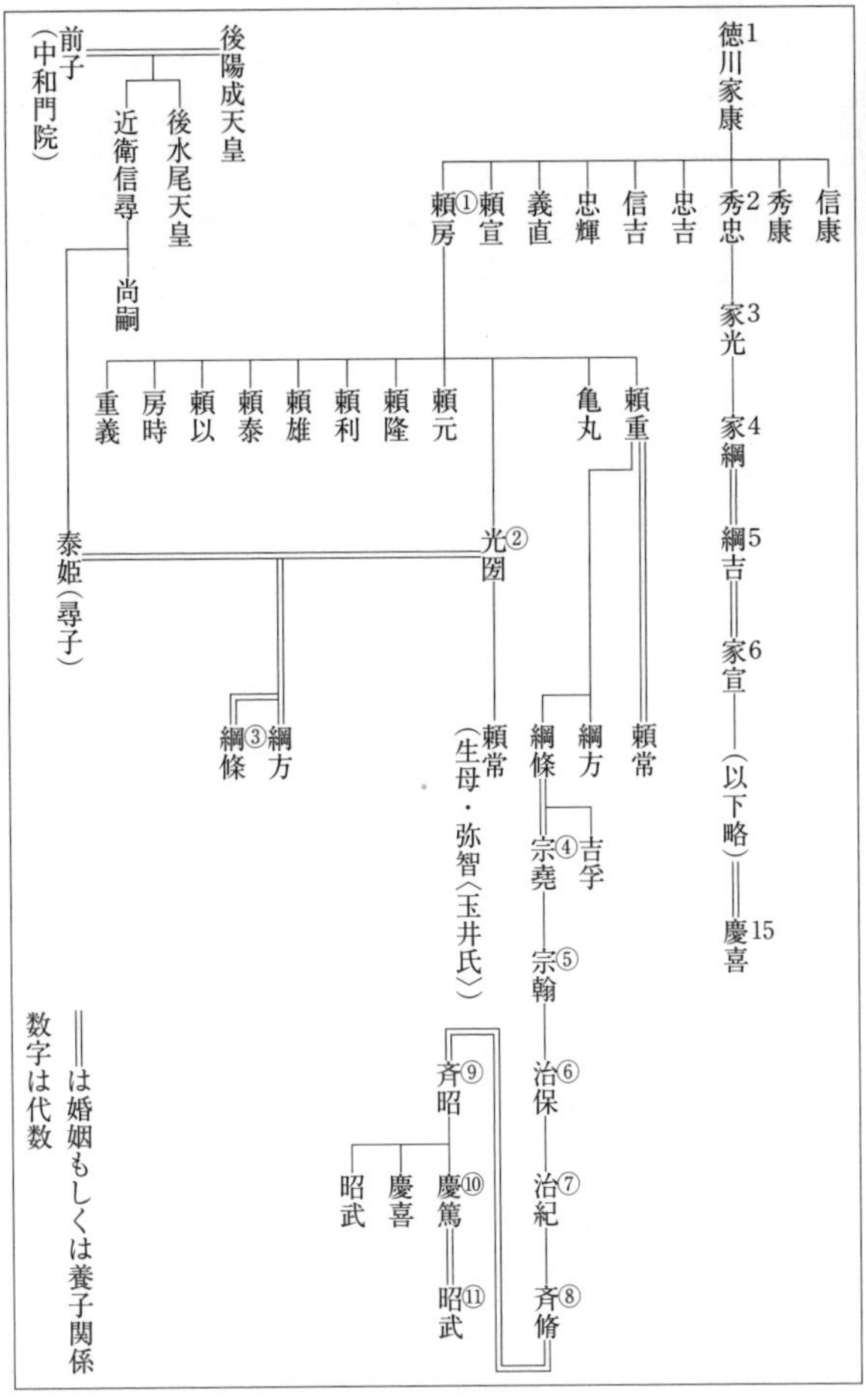

み、その命令という形にして他の側室の嫉妬《しっと》をかわし、ようやく世子に立てることに成功した、というのが実情であった、と考えられる。

いずれにせよ、三木夫妻は久子の子を二人とも引きとって育てることになったわけで、こうした三木夫妻の行為は、文献にあるように、主命にさからってのものではなくて、三木之次がその後順調に出世して、ついには「大老《たいろう》▲」にまで昇進している事実を考えれば、逆に頼房からの密かな指示や依頼があってのことではなかったか。三木を江戸から水戸へ移しておいたのも、久子の出産をひかえての頼房と三木の計略だったとみてまずまちがいなかろう。

成長のあと

世子となった六歳の光圀は江戸へのぼり、水戸藩上《かみ》屋敷▲の小石川《こいしかわ》邸にはいり、九歳で仮元服《げんぷく》の式をあげ(元服は一八歳)、このとき将軍家光からその偏諱《へんき》▲をあたえられて光国(旧字体では國)と名乗る。「光国」を「光圀」に改めるのは五六歳からである。したがってそれまでは「光国」と書くべきかも知れないが、叙述の都合上「光圀」に統一することにしたい。

▼大老　水戸藩では勲功特別の者を任じた名誉職で、役職ではなく、最高の功績者という意味である。

▼水戸藩上屋敷　初め江戸城内松原小路《まつばらこうじ》にあり、一六二二(元和八)年には本郷《ほんごう》駒込(神田台《かんだだい》)に下《しも》屋敷をあたえられた。一六二四(寛永元)年浅草谷島《やじま》に蔵《くら》屋敷をあたえられ、中屋敷と称した。一六二九(寛永六)年、小石川にも屋敷をあたえられた。一六五七(明暦三)年の江戸の大火で城内の屋敷が焼けると、幕府はこれにかえて小石川の屋敷を拡張(九万九七五三坪)してあたえ、上屋敷とした。その付属の庭園が後楽園《こうらくえん》(東京都文京《ぶんきょう》区後楽。国の特別史跡および特別名勝)。一六九三(元禄六)年、谷島と本所小梅《ほんじょこうめ》とを交換、駒込を中屋敷、小梅を下屋敷とした。

▼**偏諱**　天皇・将軍・大名などが家臣などの功績をたたえ、あるいは元服時にその名の一字をあたえること。

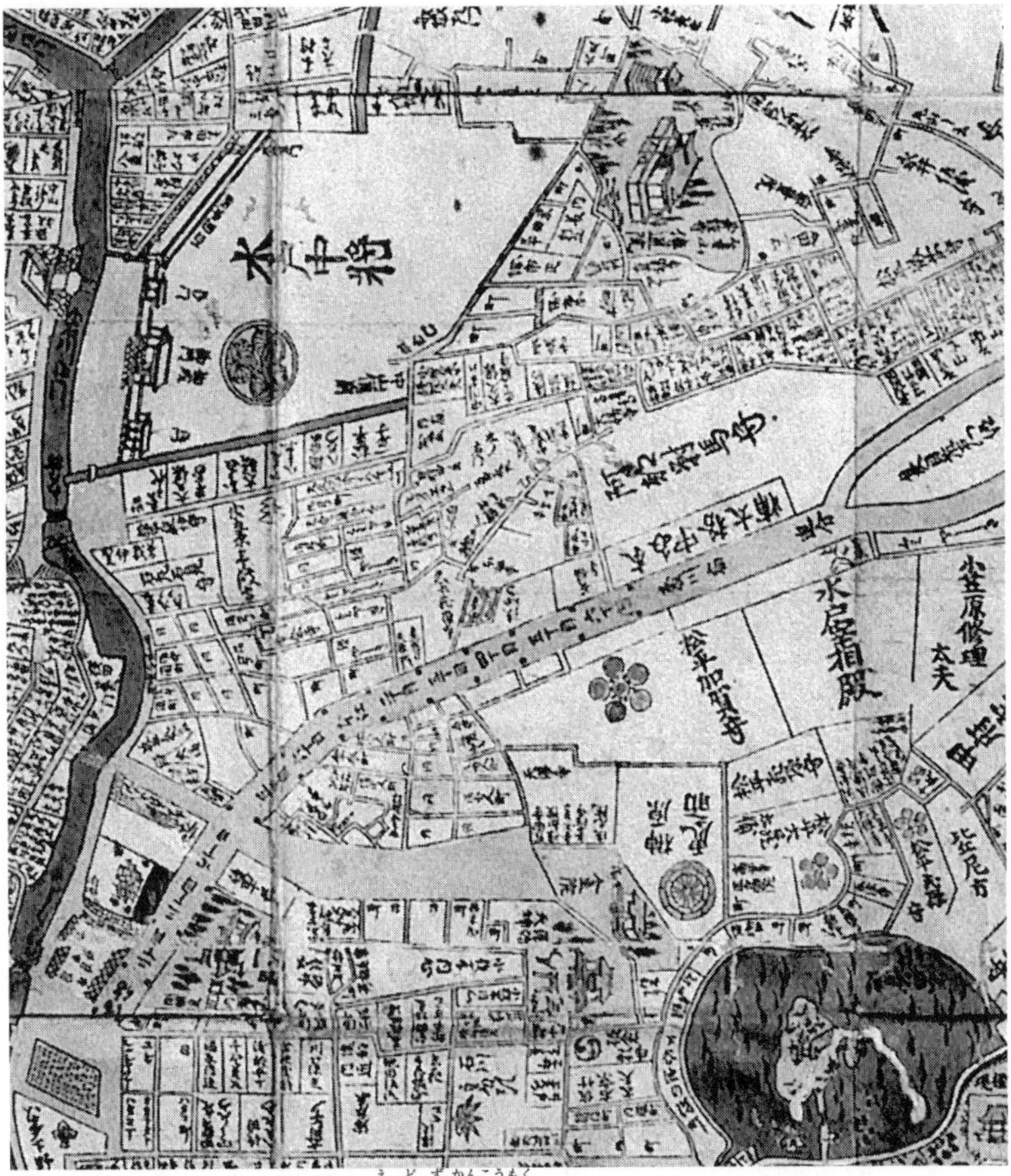

元禄 2（1689）**年の江戸地図**（「江戸図鑑綱目《えどずかんこうもく》」）　左上の「水戸中将」が小石川邸，中央右の「水戸宰相殿」が駒込邸，右下が不忍池《しのばずのいけ》。

光圀の諱《いみな》は、『晋書《しんしょ》』陸雲《りくうん》▲伝《でん》中の「聖徳龍興《せいとくりゅうこう》して、大国《たいこく》を光有《こうゆう》す」の箇所からとったといわれる。光圀は後年、この諱を重荷と感ずるようになったのか、「国」を則天文字《そくてんもじ》▲の「圀」に変えることになる。専制《せんせい》政治を行って悪名高い則天武后《そくてんぶこう》(六二四~七〇五)のつくった文字をなぜ諱として使ったのかは、光圀自身改字の理由を述べていないので真実のところは不明である。

ともあれ、江戸へのぼった世子光圀は、家中《かちゅう》の侍《さむらい》や侍女《じじょ》に囲まれて特別の教育を受けることになる。しかし一三歳ころから当時江戸で大流行していた「かぶき者《もの》▲」(歌舞伎者)のような恰好で大道を闊歩《かっぽ》し、また非行的言動を繰り返して、両親や一三歳からつけられた三人の傅《ふ》(補導役)を困惑させる。傅の一人小野言員《おのときかず》▲(角衛門《かくえもん》)からは十六、七歳当時、日頃の奔放な行状について厳しい諫言《かんげん》(「小野諫草《おのかんそう》」)を受けたこともある。

御三家《ごさんけ》水戸藩の世継ぎとはとても思えぬ言語道断《ごんごどうだん》のかぶき者、行末は笑止《しょうし》千万《せんばん》、よい補導役がおらずなんの意見もしないのであのような体《てい》たらく、旗本《はたもと》衆のあいだではこうした悪い評判が立っている。父上はせっかくあなた様を世継ぎに選んだのに、その深い御恩《ごおん》をお忘れか。あなた様の今の行

▼**陸雲**　中国晋代、呉《ご》郡の人。文章に秀でていたと伝える。

▼**則天文字**　則天武后がつくった漢字。二〇字ほどあったといわれ、国を圀としたのもその一つ。今確認されているのは一七字という。

▼**かぶき者**　派手で異様な風体の者(カバー表写真参照)。

▼**小野言員**　一五八三~一六五五年。頼房の駿府時代から仕えていた家臣。一六三六(寛永十三)年から書院番頭《しょいんばんがしら》、五〇〇石。一六四七(正保四)年致仕《ちし》、水戸へ居を移す。当時、言員のほかに伊藤友《いとうとも》玄《はる》・内藤高康《ないとうたかやす》という計三人の傅がいた。

状では、家中の侍ばかりか領分の百姓らまで闇に迷ってしまうではないか。皆溜め息をつき悲しんでいるのだ。(「小野諫草」『西山遺聞《せいざんいぶん》』所収)

小野はこのように諫《いさ》めて光圀に強い自己反省をうながし、人格の一大転換を求めたのである。

もっとも父頼房も、壮年期までは衣服佩刀《はいとう》いずれも異形《いぎょう》を好み、行儀またすこぶる節度を逸脱するものがあったというから、親子似かよった資質だったことになる。家康はかつて子息を集めおのおの欲するところを述べよと問うたことがあった。ある者は大国をえたいといい、ある者は賢臣がほしいといったのに、頼房一人即座に「天下を得んと欲す」と答えたので、愕然《がくぜん》とした家康は以後頼房を子息なみに扱わなくなった、というエピソードさえある(『水戸紀年《きねん》▲』)。

こうしたエピソードはどの程度史実に近いのかはわからないけれども、頼房は家光から「水戸殿は今能登守《いまのとのかみ》▲だ」といわれたほど武芸に長じており、家康もむしろ戦国武将的な人物とこの末子をみていたようである。

そしてこの頼房自身、光圀が武芸に練達した強い武将になってくれることをなによりも願っていた。幼少時からそのための馬術を含む厳しい武芸の鍛錬を

▼**『水戸紀年』** 江戸時代後期の水戸藩士石川慎斎《いしかわしんさい》が、藩内の人物・事件・法令などについて一五〇余種の文献をもとにその要旨を逐一年次にかけて整理・編集した水戸藩の編年史料。『茨城県史料』近世政治編Ⅰ所収。

▼**能登守** 平安《へいあん》時代末期の武将、平教経《たいらののりつね》のこと。生没年不詳。

光圀に課し、光圀もよくこれに応えた。小石川邸内の桜の馬場でゆえあって手討ちにした元家臣の生首を暗夜にもってくるよう命じたとか、飢饉《ききん》で死体の浮いている浅草川《あさくさがわ》(隅田《すみだ》川)を病《やみ》上がりの光圀に泳いで渡らせたとか、武芸鍛練にまつわるいくつものエピソードがあるが、後年、自身の生き方を回想しながら草した寿蔵碑《じゅぞうひ》▲「梅里先生《ばいりせんせい》▲碑陰文《ひいんぶん》」に、「先生夙夜膝下《しゅくやしっか》に陪《ばい》して戦戦兢兢《せんせんきょうきょう》たり▲」(原漢文)と記していることがそれをよく物語っている。

ところで、兄頼重は三木夫妻の配慮で一六三〇(寛永七)年、九歳のときいったん京都の寺院へあずけられたが、二年後には前《さきの》将軍徳川秀忠《ひでただ》▲の特別のはからいで江戸へ呼び戻されている。光圀が世子に決定して江戸へのぼるのはその翌年で、その後兄弟は小石川邸で生活を共にすることになる。ただし、頼重の江戸帰還は公式のものではなく、父頼房との対面が許されて父子の関係が公認されるのは一六三七(寛永十四)年、一六歳になってからである。

翌一六三八(寛永十五)年、頼房は一一歳の光圀と一七歳の頼重を同道して江戸城へ赴き、家光と会見する。これにより頼重の身分は保証されたが、このとき頼重は「次子」つまり光圀の弟として披露されたのである。

▼**寿蔵碑**　生前につくっておく墓とその碑。

▼**梅里先生**　梅里は光圀の号の一つ。先生とはここでは官職を退いて家にいる者の称で、光圀自身のこと。この碑陰文の全文は、七二・七三ページに記す。

▼**「先生夙……たり」**　朝に夕に父の側で緊張して教えを受ける。夙は朝早く。

▼**徳川秀忠**　一五七九〜一六三二年。徳川幕府二代将軍。家康の三男。家康没後は幕府の実権を掌握し、多くの大名の改易《かいえき》を断行。一六二七(寛永四)年の紫衣《しえ》事件では後水尾《ごみずのお》天皇を退位に追い込んだ。

頼重は二年後には常陸下館《しもだて》藩主(五万石)となり、その二年後、二一歳にして前述のように高松へ封ぜられる。なお、先の「小野諫草」中に記された兄頼重は、光圀とは対照的に、礼儀正しく、親孝行で、旗本衆のあいだでもすこぶる評判の高い青年であった。

光圀がかぶき者気取りで不良的言動を繰り返していたのは、侍女たちに囲まれてことさら形式的な礼法を強いられる窮屈な生活への反抗といった面もあったであろう。しかしそれだけではなく、自分の意志によってではなかったにせよ、模範的青年とみなされていた兄を差しおいて世子になってしまったことへの自責の念、その兄への劣等感と対抗心の入りまじった複雑な心境、父の愛情を感ずれば感ずるほどいや増す心理的重圧といったいくつもの要素が重なりあっての言動だったのではあるまいか。

反省・立志・好学

ところが光圀の心の転機は、一六四五(正保《しょうほう》二)年一八歳のとき突如として到来した、と伝えられる。改心の動機はこの年、中国前漢《ぜんかん》(前二〇二〜後八)の歴史家司馬遷《しばせん》▲の『史記《しき》』、その列伝冒頭の「伯夷叔斉《はくいしゅくせい》▲伝《でん》」を読み、深い感銘を受けたことによる、という。

伯夷と叔斉は、ともに殷《いん》の諸侯孤竹君《こちくくん》の子で、父は後継ぎに叔斉をと考えていた。その父が死去したとき、叔斉は位を兄の伯夷に譲ろうとした。しかし伯夷は叔斉が継ぐのが父の遺志であるからといって受けず、国外に去った。叔斉も位を継ぐことを承知せず、兄のあとを追って国をでた。孤竹の国の人びとはやむなく伯夷と叔斉のあいだの仲《ちゅう》を位につけた。

右は「伯夷叔斉伝」の冒頭の記述であるが、光圀は兄弟の高い徳義《とくぎ》に感動し、三男の自分が兄を超えて世子となったことに改めて強い心の痛みを覚えるとともに、この読書体験を契機にこれまでの奔放無自覚な言動を深く反省し、以後、学問に励むようになる。しかも人生の目標として、やがて自分の子に男児が生まれても次の三代藩主には兄頼重の子を立てること、改心の動機をつくってくれた『史記』をみならい、そのような立派な史書を日本の歴史について編纂すること、この二つを決意するにいたった、と伝えられている。

もっとも、この二つの人生の目標が一八歳の時点でどれほど明確なものにな

▼司馬遷　前一四五ころ〜不詳。中国前漢時代の歴史家。父の史書編纂の志を継ぎ、紀伝体の史書『史記』一三〇巻を完成する。本紀《ほんぎ》一二巻、表《ひょう》一〇巻、書《しょ》八巻、世家《せいけ》三〇巻、列伝《れつでん》七〇巻からなる。

▼伯夷叔斉　中国殷《いん》末・周《しゅう》初の伝説的聖人。孤竹君の長子伯夷は、弟の叔斉と王位を譲りあってともに出奔《しゅっぽん》。周の武《ぶ》王が殷の紂《ちゅう》王を討つとき、兄弟は臣《しん》が君《くん》を弑《しい》することの非を諫めたが聞き入れられず、周の統一後は周の禄《ろく》を受けることをいさぎよしとせず、首陽山《しゅようざん》に隠れ、蕨《わらび》を食べともに餓死した、と伝えられる。

三木之次（向かって左）・**武佐夫妻の墓**（水戸市、妙雲寺境内）

っていたのかははっきりしないけれども、一八歳が光圀にとって人生の大きな転機になったことだけは疑いない。これ以降、当時学問の主流であった儒教《じゅきょう》（儒学《じゅがく》）と、和歌《わか》とを学ぶことに精をだす。とはいえ、自覚的に学問に励むようになった、ということであって、かぶき者的気性そのものは、光圀のなかから終生けっして消えることはなかったのである。

光圀が一九歳になったばかりの一六四六（正保三）年一月、文字どおり命の恩人であり、育ての親でもある三木之次が七二歳で没した。光圀はさっそく、和歌一二首と漢詩《かんし》二篇を贈り、哀悼《あいとう》の意を表している。その和歌一二首の頭文字を右から読むと「なむめうほうれんけきやう」（南無妙法蓮華経《なむみょうほうれんげきょう》）となる。

　なき《（亡）》人のかたみ《（形見）》にのこす水くき《（茎）》の
　　なかれ《（流）》とまらぬ泪《なみだ》なりけり

とは、頭文字「な」の歌である。夫の死を誰よりも悲しんでいるはずの妻武佐が熱心な日蓮宗《にちれんしゅう》の信者だったので、光圀はこのような心配りをしたのである。「三木之次をいためる詞」には、その深い恩を顧み、せめて夢にみようとするものの、思いの煙にむせび、まどろむ暇《いとま》もなく、ようよう涙あふれて眼もみえず、心も消えてこの悲歎は言葉にならない、と記している（徳川圀順編『水戸義公全集』上。以下この書からの引用はとくに注記しない）。

一八歳以前にももとより学問を廃していたわけではなかったが、自覚的に学び始めてからの光圀の精進ぶりには目を見張るものがある。光圀は林羅山《はやしらざん》▲に師事し、その子息鵞峯《がほう》▲・読耕斎《どっこうさい》▲ともしばしば詩の応酬《おうしゅう》を行うなど文雅《ぶんが》の交わりを結ぶ。

二〇歳のとき、傅の小野言員は老齢のゆえをもって水戸に居を移すことになった。そのとき師に漢詩と和歌を贈って餞《はなむけ》としたが、いずれも別離を惜しむ感情が切々と伝わる佳編である。そのうち和歌には、「言員を常州《じょうしゅう》▲に赴くを送る」、「言員に答へる和歌 幷《ならびに》序」の二編があり、後者の詞書《ことばがき》には「賢い人になってほしいと筆のかぎりを尽して諫めてくれた御恩は、海よりも深く山よりも高い、その御恩はまことに筆舌に尽しがたい」と、数年前の諫言のことに言及し、深甚の謝意を表している。光圀のこうした温情を目の当りにし、傅としての使命をいまや十分に果たしおえたという安堵《あんど》の思いを胸に小野は水戸へ向かったことであろう。

▼**林羅山**　一五八三〜一六五七年。江戸時代前期の儒学者。林家《りんけ》の祖。京都の人。藤原惺窩《ふじわらのせいか》の門人で、徳川家康から家綱まで四代の将軍に仕え、法令の制定や外交文書の起草にあたった。著書に『羅山林先生文集』などがある。

▼**林鵞峯**　一六一八〜八〇年。羅山の三男。日本歴史に造詣深く、父とともに『本朝通鑑《ほんちょうつがん》』のほか『寛永諸家系図伝《しょけけいずでん》』などを編纂した。

▼**林読耕斎**　一六二四〜六一年。羅山の四男。一六四六(正保三)年幕府の儒官となり、別家を立てる。『読耕斎林先生文集』などの著書がある。

▼**常州**　常陸国のこと。

結婚とその前後のこと

光圀は二七歳の一六五四(承応《じょうおう》三)年四月、前関白近衛信尋《かんぱくこのえのぶひろ》▲の息女で、当時一七歳の泰姫《たいひめ》と結婚する。父の信尋は後陽成《ごようぜい》天皇▲の皇子である。泰姫は二年後に尋子《ちかこ》と名を改め、夫婦の仲は睦まじく、尋子のつくった漢詩を光圀が添削しながらその上達を励ますなど、平穏な生活が続いていた。

ところが、一六五七(明暦《めいれき》三)年一月のいわゆる明暦の大火で事態は一変する。二日間燃えて江戸市街の六割を焼き尽し、死者一〇万人余ともいわれるこの大火で上屋敷の小石川邸は全焼、光圀夫妻はやはりほとんど焼失した駒込《こまごめ》の藩邸(中《なか》屋敷)内の焼け残った粗末な屋舎に避難生活を余儀なくされる。

環境の激変も災いしたのか、八月に体調をくずした尋子は、いったん回復したかにみえたものの、翌年の末(閏十二月二十三日)に二一歳の若さで死去した。この直前に小石川邸は再建なったが、尋子はそこへ移ることなく仮住まいのまま没したのである。

歳末に葬儀をすませ、年が明けた一六五九(万治《まんじ》二)年の元旦、光圀はつい九日前になくなった夫人の霊に、現在の心境をつづった一文を献じた。「早朝一

▼**近衛信尋**　一五九九〜一六四九年。後陽成天皇の第四皇子。権《ごん》中納言、内大臣、左大臣などをへて関白に。和歌をはじめ書道や茶道にも通じ、当代第一級の文化人であった。

▼**後陽成天皇**　一五七一〜一六一七年。豊臣秀吉《とよとみひでよし》・徳川家康の時代にあって朝廷の権威の回復につとめる一方、和歌・書道・絵画に通じ、古典の研究にも励んだ。とりわけいわゆる慶長勅版本《ちょくはんぼん》を刊行させた文化史上の意義は大きい。

人起きても空閨寂寥《くうけいせきりょう》、霊前に酒果を供えてもこれを賞味する人の姿はなく、新年を迎えてもうれいは晴れない。去年の今日は共に杯をあげ、今年の今日は独り坐して香を奉《たてまつ》る。あゝ哀しいかな」、と（「元旦藤夫人《とうふじん》を祭る文」）。

大火後の避難生活は、しかし、光圀の生涯にとってきわめて重要な画期となった。それは、大火の一カ月余りのち、三〇歳の光圀は駒込の藩邸内の焼け残った茶屋を史局《しきょく》にあてて、いよいよ念願の修史事業の第一歩を踏み出すことになったからである。史局はその後、邸内の火事小屋御殿といわれたところに移り、そのかたわらに文庫も設けた。史局員は開設当初、父頼房の師であり、光圀も仮元服以前から教えを受けてきた林羅山門下の儒学者人見卜幽《ひとみぼくゆう》▲と辻端亭《つじたんてい》▲のほか二人の計四人であった。

これよりさき、卜幽らは修史の計画についてはじめて諮問を受けたとき、こぞって反対した。『日本書紀《にほんしょき》』以下の、いわゆる六国史《りっこくし》▲の時代はまだしも、それ以後には正史《せいし》がなく、参照すべき文献も乏しく、才能豊かな学者も少ないゆえ、成就は覚束なかろう、というのがその理由であった。しかし光圀はこれを斥けたばかりか、みずから古書の探索と史料の収集を続けた。大火に遭遇した直後

▼**人見卜幽**　一五九九〜一六七〇年。京都の人で林羅山の門人。一六三五（寛永十二）年ころから頼房に仕え、光圀の知遇をえた。著書に『荘子口義桟航《そうしこうぎせんこう》』など。

▼**辻端亭**　一六二四〜六八年。京都の人で林羅山の門人。師を助けて幕府の『寛永諸家系図伝』の編纂にあずかり、一六四〇（寛永十七）年から水戸藩に仕える。著書に『端亭集』など。

▼**六国史**　奈良・平安時代に編纂された勅撰《ちょくせん》の六つの日本歴史の書物で、『日本書紀』『続日本紀《しょくにほんぎ》』『日本後紀《にほんこうき》』『続日本後紀』『日本文《もん》徳《とく》天皇実録《じつろく》』『日本三代《さんだい》実録』の総称。日本古代史研究の基本文献。

に修史への決意を固めたのは、師事していた林羅山の死去に強い衝撃《しょうげき》を受けたことや、大火の惨状を目の当りにして、一日も早く古書・古記録を収集し、史料の保存をはからなければと焦燥《しょうそう》の念にかられたことなどがその原因と考えられる。羅山はこの大火で万巻の書籍を一挙に失い、失望のあまり世を去ったと伝えられる。

その当時、羅山とその子鵞峯らは、幕命《ばくめい》により『本朝編年録《ほんちょうへんねんろく》』と題する史書を編纂中であった。この書は、編年体《へんねんたい》▲によるわが国の通史である。古来、六国史もすべて編年体で、『史記』のような中国の正史の体裁である紀伝体《きでんたい》▲による史書の編纂を試みた者はいなかった。さきに、『史記』の「伯夷叔斉伝」に感銘して史筆の重要性を認識した光圀は、かねて史書をつくるのであれば是非この紀伝体にしたいという目論見をもっていたのである。その志願は、はるか後年ではあるが、六八歳の光圀が京都の遣迎院応空和尚《けんごういんおうくうおしょう》にあてた次の書簡（元禄《げんろく》八〈一六九五〉年十月二十九日付）によって知ることができる。

私は一八歳のころから少しばかり学問をするようになった。その時分から考えていたことは、わが国にはいわゆる六国史が存在するものの、いずれ

▼**編年体**　史書編纂の一形式。年代順に記述するもので、中国では『春秋《しゅんじゅう》』が嚆矢《こうし》。日本では六国史がこの形式である。

▼**紀伝体**　史書編纂の一形式。人物ごとの事蹟を中心に記述。『史記』が最初で中国の正史の編纂はこの形式による。一般に本紀（帝王《ていおう》の伝記）、列伝（臣下《しんか》などの伝記）、志（地理・音楽・経済などの部門別史）、表（年表・系譜）からなる。

林羅山像

も編年体で『史記』のような紀伝体ではない。上古から近代までの出来事を本紀列伝《ほんぎれつでん》に仕立て、『史記』のような体裁にしたい、そう考えて史局を設け今日まで四〇年ほども修史に取り組んできたのだが、思うように史料が集まらず、したがって編集も捗《はかど》らなくて困っているところだ。

右の書簡やのちに述べる林鵞峯との学的交渉からみると、わが国初の紀伝体史書をつくることで、林家の『本朝編年録』に対抗したいとする心理も光圀の胸中には少なからず働いていたように察せられる。

なお、泰姫と結婚する二年前のこと、かねて水戸徳川家は兄の子に譲ると心に決めていた光圀に、いわばみずからそのことの再確認を迫るような出来事が発生した。側近く仕えていた女性の一人弥智《やち》(玉井《たまい》氏)が光圀の子を、しかも男児を出産したのである。折から泰姫との縁談が具体化しはじめた時期だっただけに困惑した光圀は、父には内密にして兄頼重に相談し、この男児は兄の特別のはからいで誕生するとすぐ密かに讃岐高松へ移された。その地で養育された男児はやがて頼常《よりつね》と名乗り、頼重のあとを継ぎ高松藩の二代藩主に就任する。

両親の死と襲封

父頼房は一六六一(寛文《かんぶん》元)年の六月から悪性腫瘍を発病、翌七月水戸城で死去した。享年五九。葬儀は光圀の意志で儒教の礼式によって行われ、水戸城から北方六里《り》(約二四キロ)ほどの久慈《くじ》郡随留《ずいりゅう》村(のち瑞龍《ずいりゅう》村。常陸太田《ひたちおおた》市)の新しい墓地に埋葬された。この随留の墓地は以後水戸徳川家代々の墓所となり瑞《ずい》龍山《りゅうざん》と称される(現在は国指定史跡)。

頼房が死去すると、光圀は当時の風習によって殉死《じゅんし》を覚悟している家臣が数人いることを知った。そこでさっそくみずからその家臣の家へ出向き、その行為が亡君への真の忠義《ちゅうぎ》にあらざることを懇切に説諭した。これにより彼らもみな納得して殉死を思いとどまった、と伝えられる。幕府はその二年後に殉死を禁ずる法令をだしているので、『義公行実《ぎょうじつ》』では、光圀による殉死の禁止はその初例という。しかし、水戸藩と同じころ、和歌山・彦根《ひこね》・会津《あいづ》などの藩でもこれを禁ずる旨の記録があり、水戸が初例かどうかはわからない(辻善之助『日本文化史』第五)。ただ、光圀の決断によって、以後、水戸藩でも殉死の風がやんだことは確かである。

葬儀をおえた光圀は、八月、襲封《しゅうほう》のため江戸へ戻った。上使《じょうし》▲の来邸を明日にひかえた十八日、光圀は兄弟たちを小石川邸に集め、その席上兄頼重に向かって、かねて思い定めていた件を切りだした。頼重の子息二人、綱方《つなくに》と綱條《つなえだ》とをそれぞれ養子と連枝並《れんしなみ》▲として水戸家へとめおきたいという申入れである。頼重は初め聴き入れなかったが、弟たちの懸命の説得があってようやく翻意《はんい》し、光圀の希望はかなえられることになった。

翌十九日、小石川邸で老中《ろうじゅう》から頼房の遺領《いりょう》二八万石を世子に相続させる旨の将軍徳川家綱《いえつな》▲の命が伝達され、光圀は三四歳にしてここに水戸藩二代藩主となる。

その後まもなくの十一月十四日、前月から病に伏していた母久子が頼房のあとを追うようにして死去、享年五八であった。

▼**上使**　江戸幕府から大名などに将軍の命令(上意《じょうい》)を伝達するために派遣される使者。

▼**連枝並**　水戸徳川家では分家が四家あり、幕府からそれぞれ大名に取り立てられ、三家の分家なのでこれを連枝と呼んだ。連枝並とは連枝と同格という意味。四家とは讃岐高松藩松平《まつだいら》氏(一二万石)、陸奥《むつ》(磐城《いわき》)守山《もりやま》藩松平氏(二万石)、常陸府中《ふちゅう》藩松平氏(二万石)、常陸宍戸《ししど》藩松平氏(一万石)。

▼**徳川家綱**　一六四一～八〇年。四代将軍。家光の長男。就任早々、由井《ゆい》正雪《しょうせつ》の乱が起こったが、酒《さか》井《い》忠勝《ただかつ》ら重臣の補佐により政治は比較的安定していた。忠勝らが退いたあとは、大老酒井忠清《ただきよ》が権力を握った。

②―藩主光圀とその事蹟

藩情と施政の方針

　光圀は服喪《ふくも》期間を三年と考え、その間は後述の水道敷設《ふせつ》など緊急の課題以外は前代の藩政を継承する態度を保持した。儒教《じゅきょう》を学んできた光圀が『論語《ろんご》』の「三年、父の道を改むることなきは、孝と謂うべし」とする孔子《こうし》(前五五一～前四七九)の教えを忠実に守ろうとしたからである。

　喪の明けた一六六三(寛文《かんぶん》三)年七月、三六歳の光圀は、藩主としてはじめて水戸《みと》へくだって藩政をあずかる主要人事の異動を発令し、十一月小石川《こいしかわ》邸に戻ると、翌月かねて養子としておいた綱方《つなくに》を幕府《ばくふ》の許可をえて世子《せいし》に、また連枝《れんし》並《なみ》の綱條《つなえだ》を養子とした。これにより後顧のうれいなく藩政に専念できるようになったわけである(ただし、綱方は一六七〇〈寛文十〉年、二三歳で病死したので、翌年綱條を世子とする)。

　ちなみに水戸藩は、寛永《かんえい》年間(一六二四～四三)に参勤交代《さんきんこうたい》制が確立したのちも、藩主は通常小石川邸に住んで必要なときだけ幕府へ願い出、その許可を待って国許《くにもと》に帰る定めで▲、これを定府《じょうふ》制という。

水戸藩は関ケ原《せきがはら》の戦い以後、家康《いえやす》の意志により新規に取り立てられた藩であるから、譜代《ふだい》の家臣《かしん》は存在せず、頼房《よりふさ》のときから逐次《ちくじ》諸士を召し抱えて家臣団を補強してきた。光圀襲封《しゅうほう》後の寛文年間（一六六一～七二）の「分限帳《ぶげんちょう》」▲には、家老《かろう》以下八九種の職種に合計一〇六七人の禄《ろく》高が記載されている。そのほかこれに登録されていない雑役の者も扶持《ふち》を受けており、彼らは一六八九（元禄《げんろく》二）年の記録によれば二五一五人で、試みにこれに前記の諸士を加えると三六〇〇人近くになる。これに陪臣《ばいしん》▲らを加えると光圀時代にはおよそ五〇〇〇人ほどの家臣団になっていたと推定される（『水戸市史』中巻㈠）。

水戸藩は、頼房時代の一六四一（寛永十八）年に藩内総検地《そうけんち》を実施した。その際、斗代《とだい》（一反《たん》当りの標準収穫量）は太閤《たいこう》検地▲の方式をとったものの、面積をはかる一間《けん》の長さについては六尺《しゃく》を一間、六尺四方を一歩《ぼ》（坪）と改めた（一般的には六尺三寸四方が一歩）。この操作により検地前の内高二九万二六七九石は七万六七八六石ふえて三六万九四六五石となって、二六％余増加した（幕府へ願い出て表高三五万石を公認されるのは光圀死去の翌一七〇一〈元禄十四〉年）。しかしこの結

▼国許に帰る定め　水戸藩では藩主が国許へ帰ることを就藩または就国などといった。

▼「分限帳」　大名の家臣の氏名・禄高・地位・役職などを記した帳簿のこと。

▼陪臣　この場合は家臣の家臣のことで又家来《またけらい》ともいう。江戸時代、旗本・御家人《ごけにん》のいわゆる直参《じきさん》に対して諸大名《だいみょう》の家来のことをいう場合もある。

▼太閤検地　豊臣秀吉《とよとみひでよし》が行った検地。秀吉は一五八二（天正《てんしょう》十）年に山城《やましろ》で行い、以後、全国を統一する過程でこれを全国に実施した。耕地・屋敷の石盛《こくもり》（斗代）を定め、その品等を四段階に分け、石盛に用いる枡《ます》を京枡として、土地の標準生産高（石高）を算出。これが江戸時代の石高制の基礎となった。

水戸城遠景の図

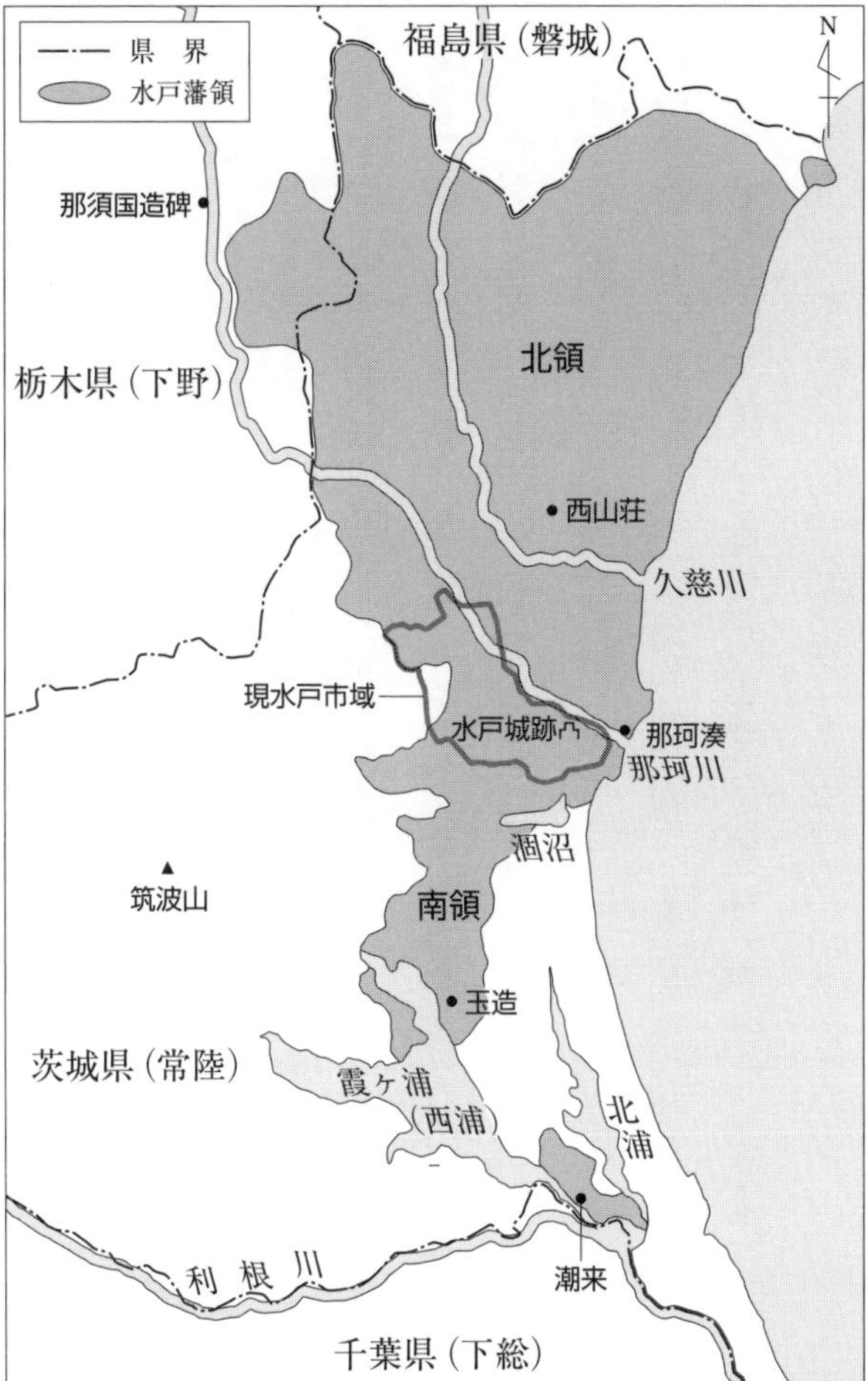

水戸藩領略図

果、農民は以後平均一割強の年貢《ねんぐ》増徴を強いられることになったのである(『水戸市史』中巻㈠)。

定府制の水戸藩は、その格式にともなう経費や家臣が江戸《えど》と水戸に二分されていることで出費がかさみ、そのうえ藩地の大半を占める水戸以北は山がちで耕地が乏しく、農民は重税に苦しみ、したがって藩財政は当初からまったく余裕のない状態であった。

しかも光圀襲封後の寛文年間から延宝《えんぽう》年間(一六七三〜八〇)にかけては、藩内に大きな天災と城下の火災が頻発し、それに修史事業なども重なって、財政の困窮は深刻の度を加えていた。藩主光圀は、終始士民《しみん》への税の軽減、拝借金の醵出《きょしゅつ》、貧困者への資金援助などに心をくだかなければならず、自身も通常の食事を一汁三菜《いちじゅうさんさい》以下とし、衣服も粗末なものを着て率先倹約につとめていた。

それでは、このような藩情のなかで、光圀はいかなる言動をもってさまざまな政治的責任を果たしていこうとしたのであろうか。

一八歳以降の光圀が、儒教を中心として自覚的に学問に励むようになったことは前述したが、とくに朱熹《しゅき》▲(朱子《しゅし》)を敬仰《けいぎょう》してやまず、光圀の理想は儒教的精

▼**朱熹**　一一三〇〜一二〇〇年。彼が大成した儒学《じゅがく》思想の体系が朱子学。朱子は朱熹の尊称。

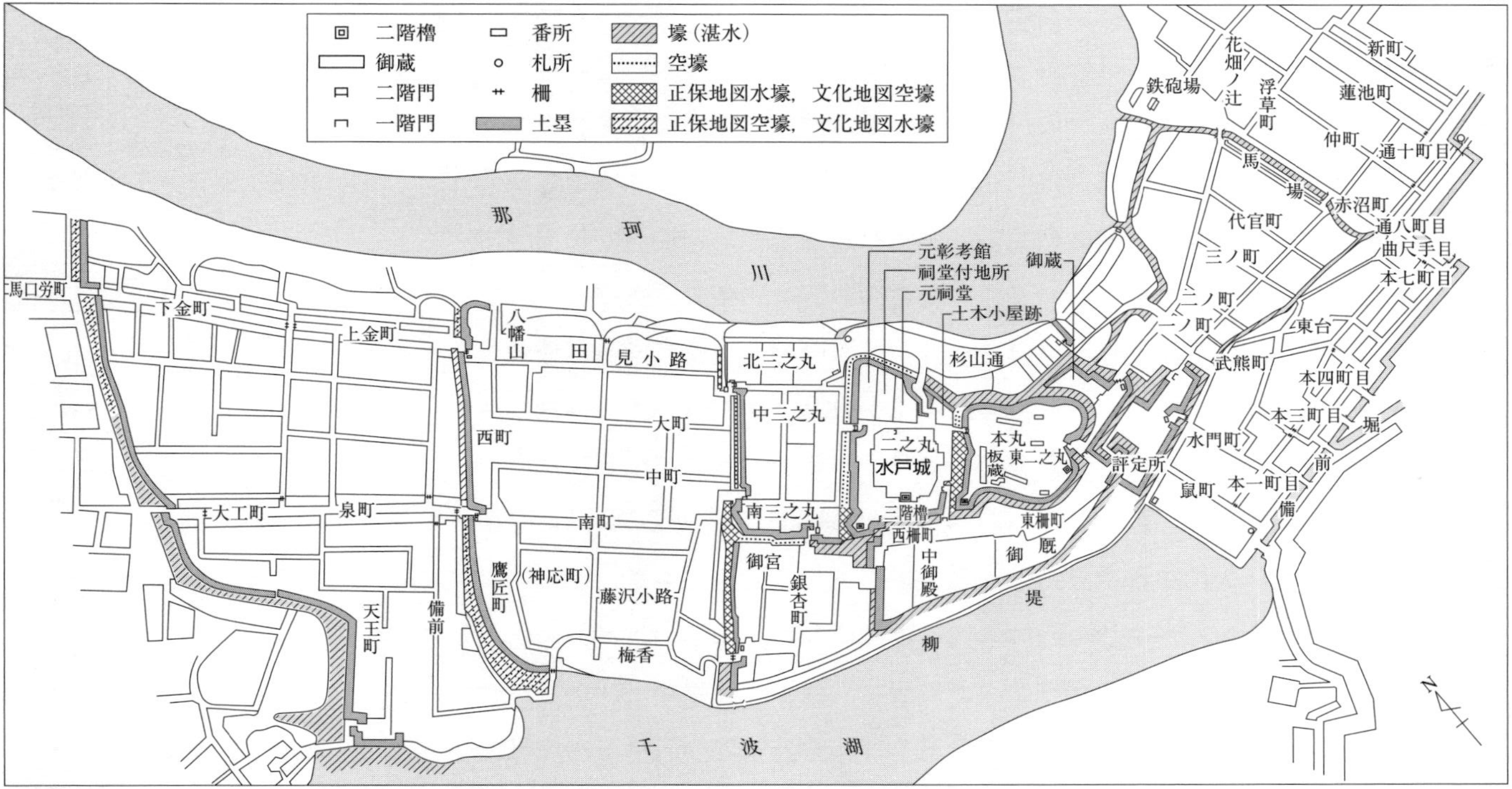

水戸城郭図(『水戸市史』中巻㈠より)　中央の「水戸城」とある郭から右すなわち東側一帯を下町，左すなわち西側一帯を上町と称する。

神に基づく仁政《じんせい》の実現にあった。儒教は、天理《てんり》(理)が自然界・人間界の全体を支配していて、それが人生においては道徳としてすべての人間関係の規律をなしているとする思想であり、光圀にもその影響はすこぶる大きかった。儒教の基本文献である四書《ししょ》・五経《ごきょう》を学んで仁義礼節をわきまえることが人倫の道にかなうことであり、光圀はみずからその実践につとめるとともに、家臣にも儒教を学んで「誠の士」(『西山随筆《せいざんずいひつ》』▲)となってほしい、と願っていた。

また日頃から、人のあやまちの多くはみのがし、そのよいところをとるように心がけ、とくに年若の者のあやまちは許すことにしていた。その許された者のなかに後年になって功を立てる者が少なくなかった、と『桃源遺事《とうげんいじ》』は伝えている。実際光圀自身、人にはそれぞれ長所もあれば短所もあるのだから、その長所をとって使うことが大切で、一人に何事も備わっていることを求めるならば用いるべき人はいなくなってしまう、と述べている(『西山随筆』)。

しかも光圀は、家臣を気にいって使うことと、その人を重い役職に就けることとは厳しく区別していて、その態度は一貫していた。したがって軽輩身分の者が思わぬ抜擢をこうむることがある一方で、長年気にいられながら然《さ》したる

光圀就藩一覧

	就　藩	帰　府		就　藩	帰　府
1	1663(寛文3).7	1663.11	7	1679(延宝7).8	1679.12
2	1665(　5).8	1665.12	8	1681(天和元).10	1682.8
3	1667(　7).7	1668.2	9	1682(　2).11	1683.8
4	1670(　10).9	1671.2	10	1687(貞享4).3	1687.11
5	1673(延宝元).5	1674.5	11	1689(元禄2).7	1690.6
6	1677(　5).5	1678.2			

▼**『西山随筆』**　一巻。光圀自身がみずからの意見を述べたもの。内容は神祇《じんぎ》・釈氏《しゃくし》・山川《さんせん》地理・士・婦女・儒学の六項からなる。士と儒学の項などに特色がみられる。

地位をあたえられない者も数多くいた。数十年側に仕えながら突如処罰される家臣もあった。光圀の心の内はなんとも推しはかりかねる、と家臣たちはいつも言い合っていたという。光圀はその心の内をけっして表にあらわそうとはしなかった。家臣にとって、温情ある藩主である反面、畏怖《いふ》の念をいだかざるをえない存在でもあったのである。とくに上級の家臣の責任追及には厳しい態度で臨んだ。

一六八三(天和《てんな》三)年、大老《たいろう》職にあった穂坂八郎衛門《ほさかはちろうえもん》は折から就藩中の光圀に赤子をみせる機会をえた。しかしそれが子なきをうれえ、妻とはかり、民の赤子をとって妻の生んだ子と偽ってのことだったとわかると、光圀は穂坂に自尽《じじん》、妻と赤子の父も死刑、穂坂家は断絶という厳命をくだした。

同年には居合《いあい》の名手として聞こえていた元書院番頭《しょいんばんがしら》▲の和田平助《わだへいすけ》も処罰を受け、他領へ逃亡をはかろうとしたが、みつかると自殺するという事件も起こっている。

また一六八九(元禄二)年、城下《じょうか》の道路改修工事をめぐって起きたトラブルの責任を問うべく、光圀は大目付《おおめつけ》▲望月治衛門《もちづきじえもん》に水戸城へ呼出しを命じた。する

▼**書院番頭**　城中の勤番《きんばん》・儀式の周旋《しゅうせん》などを行う書院番の頭。水戸藩では寛文年間(一六六一〜七二)、七組七〇人で一組ごとに頭をおいた。

▼**大目付**　家臣の非違《ひい》を監察する役。水戸藩では一六八八(元禄元)年に新設され、水戸・江戸一人ずつおかれた。

と望月はなぜかこれを拒み、光圀を恨むがごとき遺書を残して自尽。光圀は公命に背く罪すこぶる重大として屍《しかばね》を斬り骸骨《がいこつ》は道路に遺棄せよ、と命じた。

頼房から光圀の時代にかけては、士民を問わず刑罰に処せられる者はなはだ多く、とくに風俗紊乱《びんらん》のかどで罰せられる者が頻発《ひんぱつ》していた。この時分、水戸城下での辻斬りも後をたたなかった。元禄年間(一六八八〜一七〇三)の江戸の噂《うわさ》話を書き留めた『元禄世間《せけん》咄《ばなし》風聞集《ふうぶんしゅう》』や名古屋藩士朝日重章《あさひしげあき》の日記『鸚鵡籠《おおむろう》中《ちゅう》記《き》』(ともに岩波文庫所収)などをみても、十七世紀末ころまでは全国的にこうした戦国的気風ともいうべき雰囲気がまだかなり残存していたことがわかる。

藩主としての光圀は、こうした気風をおさえるとともに、儒教的仁政の精神をもって士民を当代の社会秩序のなかに組み込もうと意図していたのである。しかし人間光圀の血のなかには、処罰された望月らと似かよった野性的気性が消えていなかったことについては、あとに述べることとする。

水道の敷設と寺社改革

藩主就任後、喪の明ける前に喫緊《きっきん》の課題として着手したのが城下下町《しもまち》への水道敷設工事である。下町は父頼房の時代に城の東側一帯に広がる低湿地を埋め立てる大規模な宅地造成を行ったところで、水質が悪く士民は日常の飲料水に苦しんでいた。

そこで光圀は、一六六二(寛文二)年、家臣で数理・地理・天文に通じていた元大番頭《おおばんがしら》▲の望月五郎左衛門《ごろうざえもん》(恒隆《つねたか》)に調査を命じ、望月は実際の設計を郡奉行《こおりぶぎょう》▲の平賀勘衛門《ひらがかんえもん》(保秀《やすひで》)に託した。平賀は城外笠原不動谷《かさはらふどうだに》の湧水を水源地と決め、水源から下町にいたる地形を調べ、その結果、水源から逆川《さかさがわ》にそって千波湖《せんばこ》南岸に導く経路がもっとも適切と判断した。これを望月に答申するとこの計画は承認され、工事の実務は久慈郡町屋《まちや》村(常陸太田《ひたちおおた》市)の水利家永田《ながた》勘衛門が担当することになり、土地の高低調査には提灯《ちょうちん》測量を採用、導水樋は暗渠《あんきょ》とした。全長およそ一〇キロにおよぶ大工事はわずか一年有半で完成をみたが、それは光圀はじめ関係者の熱意によるところであった。

喪が明けてからまず取り組んだのは寺社の改革、とくに寺院の整理である。民を惑わし、藩の費《ついえ》となり、風俗の禍《わざわい》となっている寺院少なからず、これを除去することが先決、と考えたからである。そこで光圀は一六六三(寛文三)年、

▼**大番頭**　戦時および平時、城内警備の中核となる組織で、藩主の供奉《ぐぶ》をもつとめる大番組の頭。

▼**郡奉行**　藩内各郡の農村行政を取り仕切る役。水戸藩では一六七〇(寛文十)年には五人で手代《てだい》五〇人が付属していた。人数は郡の改廃により三人、四人、五人、一〇人、一一人と一定しなかった。

全寺社の実態把握のため村単位に「開基帳《かいきちょう》」の作成を命じた。記載項目は、付属地と石高《こくだか》、本寺《ほんじ》、宗派、僧侶・神職の身分、除地《じょち》証文《しょうもん》の有無、開基、開創年代と当年までの年数、檀家《だんか》数などである。藩は村々からのこの書上げに基づいて藩内寺社の宗派ごとの帳簿をつくった。

ついで一六六五(寛文五)年には寺社奉行二人をはじめて任じ、寺社改革の布石とし、こうした諸準備をへて光圀はその翌年、寺院の破却と移転などを断行する。その結果、この年に処分の対象となったのは一〇九八カ寺にもおよんだ。前記「開基帳」には二三七七カ寺が記載されていたから、実に四六・二%に相当する。

処分の形式では破却がもっとも多く七一三カ寺で全体の六五%、その他では僧侶の還俗《げんぞく》・追放、立退きがあり、その大半は不行跡である。一方、神社については社僧を廃して別院に住まわせるなど神仏分離を徹底させた(『水戸市史』中巻㈠)。

光圀はこうした処分整理を行う一方で、家臣のために城下の郊外坂戸《さかど》村と常葉《ときわ》村(水戸市酒門《さかど》町と末広《すえひろ》町)の一角にそれぞれ墓所を設け、それまで寺院の境《けい》

常磐共有墓地にある安積澹泊の墓

内《だい》に墓地をもっていた者にもこの両所のなかに墓地をつくらせた。この両墓地は現在にいたるまで、特定の寺院に属さず、諸宗共同の墓地として存続し、それぞれ酒門共有墓地、常磐《ときわ》共有墓地と称されている。

この光圀の寺院処分と神仏分離は、由緒不確かな小寺院などを整理しながら、一方では由緒正しい、たとえば長勝寺《ちょうしょうじ》(潮来《いたこ》市)・願入寺《がんにゅうじ》(大洗《おおあらい》町)などの寺院はこれを保護することにより、仏教・神道《しんとう》ともにそれぞれ信仰の純正を確保し、寺院・僧侶の適正化をはかる目的で行われたものである。

神社については、静《しず》神社(常陸《ひたち》二の宮、那珂《なか》市)や吉田《よしだ》神社(常陸三の宮、水戸市)の修造を助けるとともに、神主を京都へ派遣して、神道を学ばせている。

なおここで、光圀の対仏教観の変化について概観すると、二〇代の光圀は、儒教主義が徹底していて仏教をきらうことははなはだしかったが、三〇代半ばすなわち藩主就任のころからはこれがやわらぎ、儒教・仏教・神道それぞれに純正な信仰が保たれるのであれば、これを認めようとする立場へとしだいに変化し、さらに年齢を重ねるにつれて仏教への思いを強めていくことになる。

朱舜水を招く

一六六五(寛文五)年、三八歳の光圀は、儒教を学ぶ学校の建設を企て、その師として迎えるため中国明《みん》(一三六八〜一六四四)末の遺臣《いしん》で当時六六歳の朱舜水《しゅしゅんすい》を水戸藩に招いた。

舜水は浙江《せっこう》省余姚《よよう》の人で名は之瑜《しゆ》、舜水はその号である。彼は明末清《みんまつしん》(一六一六〜一九一二)初《しょ》の混乱期に明朝再興に挺身し、このための軍資金をえようと、中国、安南《あんなん》(ベトナムの中部地方)、日本のあいだを頻繁に往来したが、その成りがたきを悟り、七度目の長崎来航でついに日本投化《とうか》を決意する。

この前後、わが国を頼って長崎に来る明人は跡をたたず、舜水もその一人であったが、舜水については長崎奉行▲の建議により肥前《ひぜん》(佐賀県)小城《おぎ》藩▲主鍋島直能《なべしまなおよし》の同意がえられたため、長崎滞在が認められていたのである。

光圀が家臣の小宅処斎《おやけしょさい》▲(生順《せいじゅん》)をはるばる長崎へつかわし、舜水に水戸藩の招請を受ける意志ありや否やを打診させたのは、一六六四(寛文四)年であった。

舜水は当初固辞したものの、長崎の門人たちの強い奨めで招きを受諾し、翌一六六五年の七月、江戸に到着した。「礼儀正しい態度で気品があり、話す言葉

▼**長崎奉行**　江戸幕府が直轄領である長崎においた職名。遠国《おんごく》奉行の一つ。老中に直属し、多くは旗本が任ぜられた。外国貿易の管理、外国情報の収集、キリシタン対策、西国《さいごく》大名の監視、市政の統轄などにあたった。定員は初め一人から四人と不定だったが、一七一四(正徳《しょうとく》四)年以降は二人が一年交代で勤務。

▼**小城藩**　佐賀藩の三支藩の一つ。外様《とざま》。初代鍋島元茂《もとしげ》が父勝茂《かつしげ》から石高七万三二〇〇石余を分与され、次の直能の代に小城に居城をおき立藩。

▼**小宅処斎**　一六三八〜七四年。人見卜幽《ひとみぼくゆう》の門人。このときの記録に『西遊手録《さいゆうしゅろく》』がある。

も打ち解けておだやかだった」とは、会見した舜水の光圀に対する第一印象である。『桃源遺事』の伝える光圀の容貌は、色白にして面長、額広く切れ長の眼で、鼻梁の高い「美男」であった。

光圀もまた一目して舜水の人柄に敬服し、以後、師とあおぎ、多大の感化を受けることになる。次の一文は、『玄桐筆記《げんとうひっき》』にみえる光圀の述懐である。

たとえば無人の荒野に一つの都市をつくろうとするとき、士・農・工・商に長じた者たちをさまざまに集めなければ成就しない。いかなる賢人といえども一人で万事に通ずることはできないから、それぞれの功者を集めなければならない道理だ。しかるに先生一人おいでになれば、おそらく不足なく都市はできあがるだろう。先生は詩書礼楽《ししょれいがく》▲から田畠や家屋のつくりよう、酒食塩醤《しゅしょくえんしょう》のことにいたるまで、細かく修得しておられ、先生一人おいでになれば人間の所作において、不足なく教え導いてくださるにちがいない、とおおせられた。

これに続けて玄桐は、光圀自身、舜水の実理《じつり》・実学《じつがく》を重んずる独自の学風から多くのことを学び、礼楽刑政《れいがくけいせい》▲はもとより、耕作・商売・細工・技術・算術・

▼**詩書礼楽**　人間が身につけるべき儒教的教養全般のこと。詩は歌謡、書は古代中国の帝王の記録、礼は政治制度から日常生活にいたるまでのさまざまな決まり、楽は音楽。

▼**刑政**　法律（刑罰）と政治制度・施策。

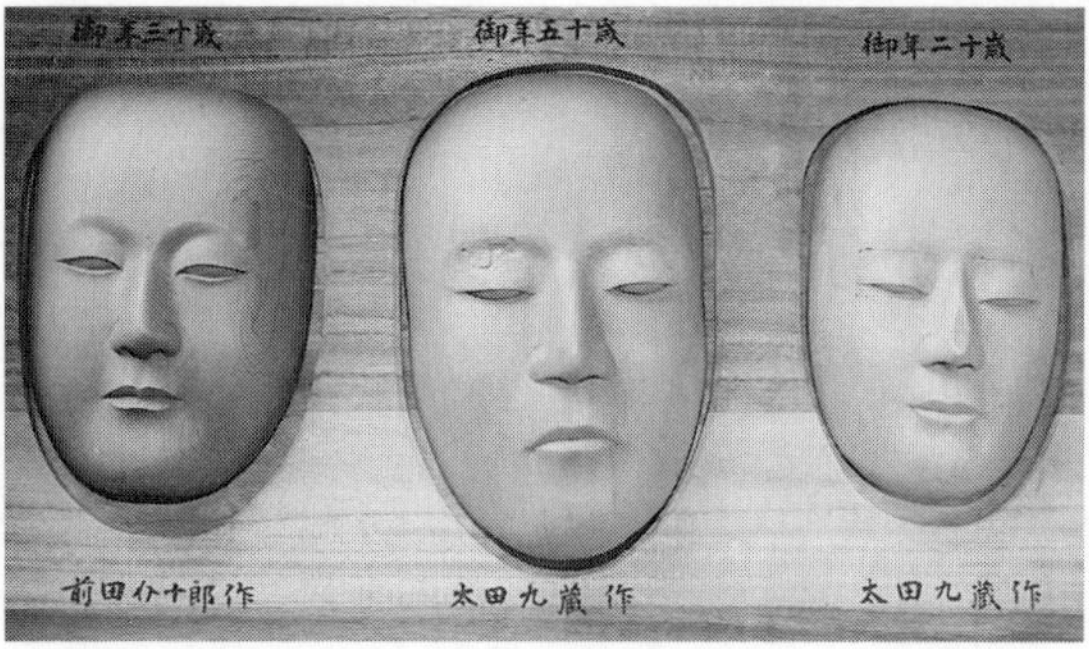

光圀の面容(左から三〇歳、五〇歳、二〇歳)

▼**大成殿**　孔子をまつる孔子廟《びょう》の正殿《せいでん》。

▼**釈奠の礼**　孔子とその一門《いちもん》をまつる儀式。

料理、さらに機織《はたおり》から裁縫《さいほう》までなんでもみずから試みて会得していた、という。実際、光圀は多芸多才の人であった。ちなみに、小石川邸付属の庭園である後《こう》楽園《らくえん》は、頼房が築造したものを光圀が舜水の意見を聞き、中国式に整備しなおしたのである。

一六六五年、折から就藩中の光圀は、初対面から二カ月たたない九月、早くも水戸に舜水を招いている。当時、光圀は寺社改革に積極的に取り組んでいた時期であったが、舜水を水戸に招いたのは水戸城下に孔子をまつる聖堂《せいどう》を建てる計画をしていたので、そのための助言をえたいと考えたからのようである。舜水は二年後の一六六七(寛文七)年から六八(同八)年にかけて半年ほどまた水戸に滞在している。しかしこの件は一向に進捗《しんちょく》しなかった。

五年後の一六七三(延宝元)年になって光圀は、城下に大成殿《たいせいでん》▲建設の計画を立て、今度はなんとか実現させたいと準備を進め、選抜した家臣に舜水に就いて釈奠《せきてん》の礼《れい》▲を学ばせるとともに、小型の模型までつくらせた。もとより舜水の指導によるところである。

前述のように、もともと舜水の招聘は、学校を建てその師とすることであっ

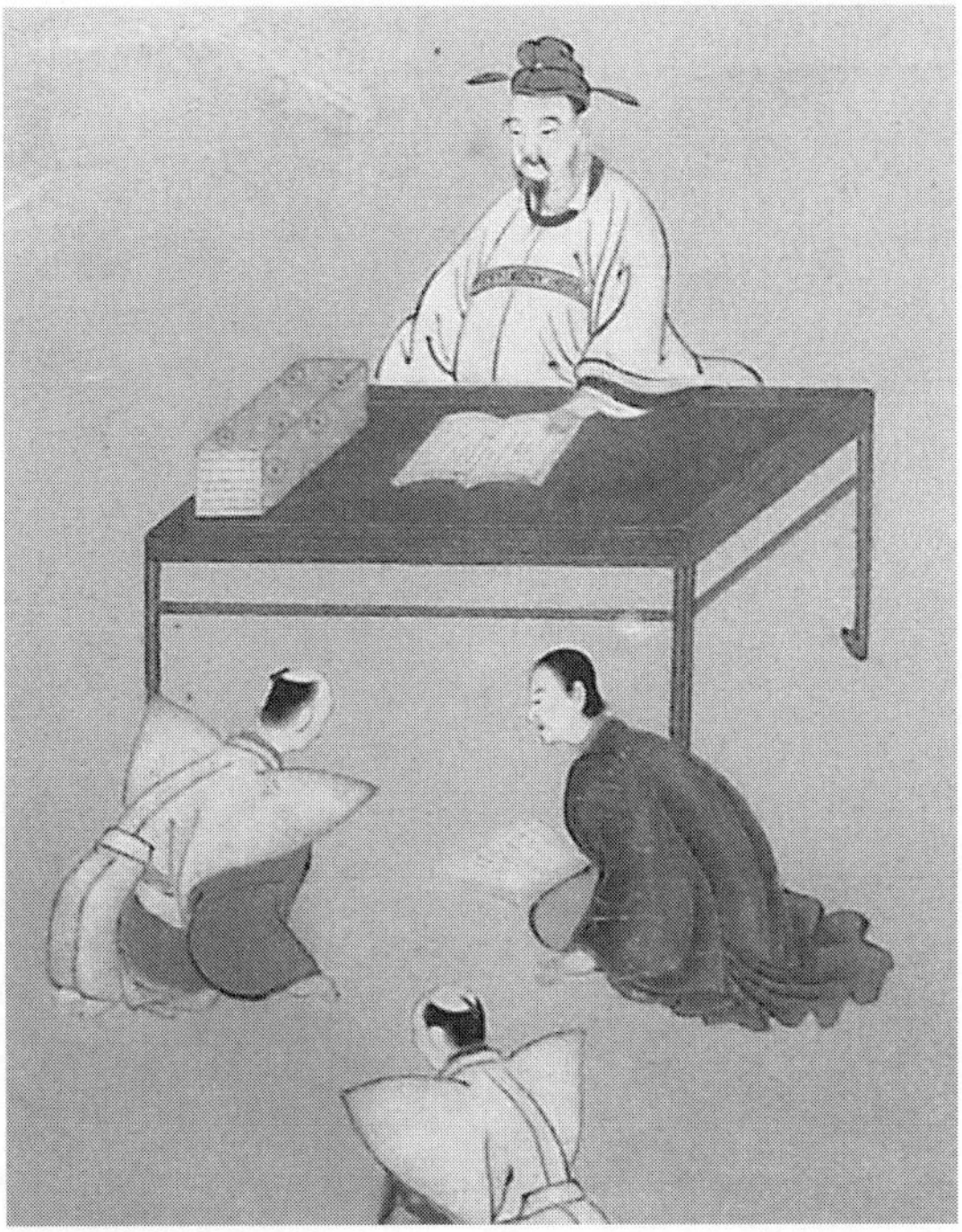
朱舜水講学の図

中国・余姚市龍山公園内にある「朱舜水先生紀念碑」
一九八二(昭和五十七)年、舜水死去三〇〇周年にあたり、日本舜水先生記念会と日本中国文化交流協会が「舜水亭」の前に建てた。

龍山公園内の舜水亭

たので、この間学校の施設図をつくらせたり、やはりその模型をつくらせたりしたことはあったが、実現しなかったばかりか、さきの聖堂や大成殿の建設も結局画餅に終った。おそらく財政上の理由によるのであろう。

舜水が水戸藩に招かれてから一七年目の一六八二(天和二)年、駒込《こまごめ》の藩邸で八三年の生涯を閉じると、光圀は水戸徳川家の墓地瑞龍山《ずいりゅうざん》に明朝式の墓をつくってほうむった。この墓地に水戸徳川家以外の人物、しかも外国人をほうむることはまったく異例の措置であり、これは光圀が舜水をいかに深く敬愛していたかをよく示している。

藩内巡見と鎌倉への旅

一六七三(延宝元)年の就藩は光圀にとって五度目で、このときは五月中旬から翌年四月下旬までの長期にわたるものとなった。これまでも就藩のたびに各地を巡見し、三度目のときには、藩内南部(南領)の板久《いたく》村(潮来市)の長勝寺まで足を伸ばし、源頼朝《みなもとのよりとも》の創建と伝えるこの名刹《めいさつ》が荒廃しているさまをみて、五〇両をあたえ、その修復に力を貸していた。

五度目の就藩では、藩内北部(北領)へ七三年の八月中旬から九月上旬にかけて一九日間という巡見を試みたりしたが、翌年の帰府に際しては通常の水戸街道ではなく、上総《かずさ》から鎌倉《かまくら》経由で江戸へという経路をとった。水戸を発つと、小川《おがわ》から玉造《たまつくり》など南領をとおり、千葉をへて上総勝山《かつやま》までくだり、上総湊《みなと》から舟で金沢《かねさわ》へ渡り、称名寺《しょうみょうじ》をまわって鎌倉に到着。英勝寺で英勝院《えいしょういん》の墓に詣で、そこを拠点にして鎌倉の名所旧跡をたずね、藤沢《ふじさわ》経由で小石川邸に帰った。四月二十二日から五月九日まで一七日間におよぶ旅であった。

このたびの北領巡見および南領経由での帰府には、寛文年間(一六六一〜七二)後半に大きな被害をこうむった藩内農村の現状を実地に視察するとともに農民を激励する意図もあったのではあるまいか。

ともあれ光圀は、一三歳、一五歳、二二歳、三六歳の四度、日光東照宮《にっこうとうしょうぐう》へ詣でていたが、いずれも父につれられ、あるいは公務としてのもので、その意味では今回の鎌倉行がみずからの意志で行ったはじめての旅であり、やがて隠居後の六七歳のとき、後述するように将軍徳川綱吉《つなよし》▲の命で一度江戸へのぼった

▼**徳川綱吉**　一六四六〜一七〇九年。五代将軍。家光の四男。上野国(群馬県)館林藩主から、兄家綱の死後、将軍職を継ぐ。治世初期は大老堀田正俊の補佐を受け、正俊死後は側用人柳沢吉保《やなぎさわよしやす》を重く用いた。

英勝寺仏殿（神奈川県鎌倉市）

以外、光圀は藩外へでての旅はしておらず、その点からするとこの鎌倉への旅が光圀にとって生涯唯一の旅らしい旅であったともいえるのである。

ところで、水戸を出立した翌日、玉造村（行方《なめがた》市）をとおった光圀は、この村の貧農弥作《やさく》が老母を献身的に介護していた孝心《こうしん》をたたえ、金一〇両を手ずから弥作にあたえている。しかも弥作が不心得者にこの大金を奪われないように、当地の役人に田畑をととのえてとらせよ、と申し渡し、さらには家臣の儒者《じゅしゃ》に弥作の伝記まで書かせたという。

善行者の表彰は、さきに述べたように、光圀の儒教的仁政の一環としての意味をもっていたのであろうが、『桃源遺事』にはこの弥作の記事に続いて同じく孝行者の何人かにやはり褒美《ほうび》をあたえた話があり、これは隠居後のこととされているが、光圀は藩内巡見のさい善行者の表彰を行うことが多かった。

さて、水戸地方は前代に続いて延宝年間（一六七三〜八〇）にはいっても天候不良は一向に解消されず、一六七四（延宝二）年には不作、七六（同四）年には大《だい》旱魃《かんばつ》にみまわれた。

藩庁は、こうした事態のなか、幕府から拝借金《はいしゃくきん》を受け急場をしのいでいたのであるが、光圀六度目の就藩中の一六七七(延宝五)年十二月、幕府から強くその返納を迫られ、やむなく家臣に償金《つぐないきん》▲を命じ、地方取《じかたとり》▲は一〇〇石につき二両、物成詰《ものなりづめ》▲は一〇〇石につき一両の割合で醵出させ、下級の切米《きりまい》・扶持の者▲にも応分の負担を求めた。もっとも翌年になり、なんとか資金操りがつき、幕府に返金できたので醵出させた償金はそれぞれに返すことができた。

水戸藩で年貢率がもっとも高かったのは、頼房時代の晩年から光圀時代にかけてであって、一六七三年には四割八分と最高に達している(『水戸市史』中巻(一))。

蝦夷地探検

光圀は、十七世紀半ば以降、江戸・大坂・奥州《おうしゅう》との交易のため二、三度大船を建造したことがあったといわれるが、貞享《じょうきょう》年間(一六八四〜八七)から元禄年間(一六八八〜一七〇三)初めにかけて三度、巨船によって蝦夷地《えぞち》を探検させるという破天荒の事業を敢行する。

水戸藩は城下町水戸の外港として那珂《なか》湊という重要な港を有し、ここは奥州

▼**償金**　幕府からの拝借金を埋めあわせる資金。

▼**地方取**　知行《ちぎょう》取ともいう。知行地(主君から恩給された土地。給地)をあたえられ、そこから上がる年貢を俸禄《ほうろく》として受け取る権利をもつ家臣。ただし実際には形骸化していて実質的には物成詰と変らない場合が多い。

▼**物成詰**　物成とは年貢のこと。知行地の石高の年貢相当分の現米を藩から支給される家臣。

▼**切米・扶持の者**　切米の者とは切符(為替《かわせ》手形)で現米を支給される家臣のことで、何十俵とか何十石の切米といわれた。扶持の者は通常一日玄米五合を一人扶持とし、その割合で現米を支給される家臣で、別に現金をそえる場合もあり、たとえば一〇両五人扶持などといわれる。

▼**栗田寛** 一八三五〜九九年。江戸時代末期から明治時代にかけての水戸出身の歴史家。一八九二(明治二十五)年から東京帝国大学文科大学教授となり、日本史を講じた。著書には『天朝正学《てんちょうせいがく》』『新撰《しんせん》姓氏録考証《しょうじろくこうしょう》』など多数。

と江戸とを結ぶ海上交通の中継地として繁栄していた。光圀はこの那珂湊の地の利をいかし、ここから蝦夷地へ巨船をだして彼の地との交易を行ったのである。おそらく苦しい藩財政にいくらかでも利益をもたらそうとしたのであろう。

光圀が蝦夷地探検のために建造した船は快風丸《かいふうまる》と称し、高性能で千石船《せんごくぶね》をはるかにしのぐ規模であったらしい。「快風丸紀事《きじ》」(栗田寛《くりたひろし》▲『栗里《りつり》先生雑著』所収)によれば、全長二七間(約四九メートル)、幅九間(約一六メートル)。快風丸による第一回の探検は一六八六(貞享三)年と考えられる。このときは松前《まつまえ》まで到達したものの、その先へは進めず引き返した。第二回は翌年で同じく松前までいったが、その先への航海は幕府が許さず、結局その地域だけの調査に終った。

第三回の出発は一六八八(元禄元)年二月で、乗組員は総勢六七人。このたびは松前からさらに西海岸を北上してようやく念願の石狩《いしかり》までいくことができた。巨船の来航にアイヌの人たちは驚き、遠方からも見物人があり、その数四百四、五十人にも達したという。彼らに米・麴《こうじ》・酒などをあたえるとおおいに喜び、熊の皮などを持参してきた。乗組員のうちの六人は松前で雇った通事《つうじ》一人をつれ石狩川をさかのぼって奥地へはいり、現地調査を行っている。

快風丸想像復元模型

滞在すること四〇日余りで帰途に就くや、折あしく大風雨にあって逆に韃靼《だったん》（もとの満州《まんしゅう》地方）方向へ流されたが、その後は順風をえて松前へ戻り、しばらく逗留ののち改めて出帆、塩鮭一万本、熊皮、ラッコやトドの皮などを積んで年末には無事帰港した（「快風丸紀事」）。

この航海により、蝦夷地の実情について多くの知見をえたのみならず、交易としてもなにほどかの実利をえることができたであろう。光圀以後の水戸藩は幕末にいたるまで継続的に蝦夷地の情報を収集し、彼の地の動向に強い関心をよせることになる。

しかしこの蝦夷地行は、光圀が藩主だったからこそ幕府も黙認して実現できたようで、その後渡航は行われず、せっかく建造した巨船は光圀死後三年目にして取り壊されてしまった。

光圀をめぐる綱吉・正休・元武

五代将軍綱吉は、就任後の一六八〇（延宝八）年十一月、子息で上野《こうずけ》（群馬県）館林《たてばやし》藩主の徳松《とくまつ》（二歳）を江戸城西丸《にしのまる》に移して世子と決め、翌年七月には息女

徳川氏略系図

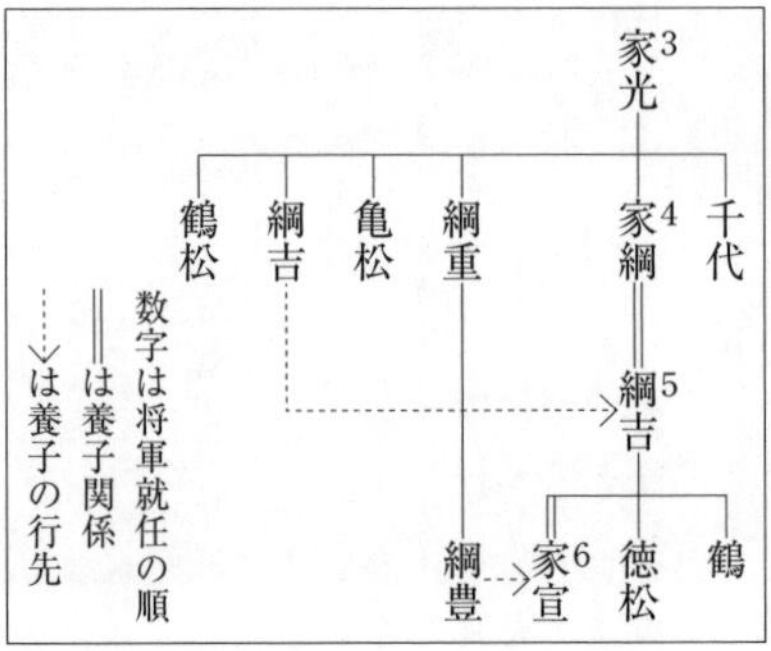

▼**徳川綱教**　一六六五～一七〇五年。和歌山藩三代藩主。徳川光《みつ》貞《さだ》の長男。

▼**牧野成貞**　一六三四～一七一二年。下総国《しもうさのくに》関宿《せきやど》藩主（五万三〇〇〇石）。将軍徳川綱吉の側近でその信任すこぶる厚かった。

▼**徳川綱豊**　一六六二～一七一二年。のちの六代将軍徳川家宣《いえのぶ》。

鶴姫《つるひめ》（五歳）を和歌山藩（紀伊家）の世子徳川綱教《つなのり》▲に嫁がせることにした。そこで三家《さんけ》を呼び、鶴姫がまだ幼いことを理由に綱教を藩邸から江戸城二の丸へ引き取ることを提案した。

これに対し光圀は、姫君幼少とはいえお付きの者もおり、藩邸にいることに支障はないはず、それでも心配というなら婚礼を延ばせばよかろう、と異を唱え、この話は中止になったという。

ところが綱吉にとって不運にも一六八三（天和三）年に徳松が死去、館林藩は消滅する事態となった。このため側用人《そばようにん》牧野《まきの》成貞《なりさだ》▲は、三家同席のところで、将軍にはいまだ若君の誕生がないので養子の件で相談したい、と申し出た。すると光圀は、将軍はまだ若いのでこれから若君が生まれるかも知れず、もしそれがかなわなくても甲府には綱豊《つなとよ》▲がおり、それが気にいらないのなら和歌山には綱教がおり、それもいやというなら不器量ながらわが悴綱條もいること、今すぐ養子というのは時期尚早、と述べると、牧野も口を閉ざしてなにもいわなくなったという（『桃源遺事』）。

四代将軍家綱《いえつな》の後継は当然弟の綱重《つなしげ》（家光《いえみつ》次男）であるべきところ、死去したためその弟綱吉(家光四男)が継いだので、次は綱重の長男綱豊でなければならない、というのが光圀の考え方であった。

光圀は以前、徳松を世子にという将軍綱吉の意向が伝えられたときも、綱豊を養子とし、綱豊の養君に徳松を、と主張したけれども、綱吉の聞き容れるところとならなかったというから、光圀は再三綱吉の意向にさからったことになる。綱吉の将軍就任について光圀はかつて賛成していたので、その理屈すなわち人倫の秩序を守るべしという観点から今度は綱吉の意向に異議を唱えたのである。

綱吉は一六八七(貞享四)年ころからいわゆる生類憐《しょうるいあわれ》みの法令をつぎつぎにだし、違反者への取締りも強化していたので、光圀は極端に走ったこの政策に内心不快な感情をいだいていた。

お上《かみ》が生類を憐れまれることは、人を憐れまれるお心の余分をもって生類にまでおよぼされているということであろう。しかし、あやまちがあれば人さえ処罰を受ける。咎《とが》のある生類をどうして殺さないのか。もちろん咎のない生類を妄《みだ》りに殺すべきではない。もし私の屋敷へ悪戯《いたずら》犬が入り込んで悪事をなせば殺させる。（『桃源遺事』）

これは、江戸城中、三家列座の席において光圀が老中《ろうじゅう》阿部正武《あべまさたけ》に語った言葉である。

これよりさきの一六八四（貞享元）年には、若年寄《わかどしより》稲葉正休《いなばまさやす》▲が江戸城中で当時大老の職にあり権勢ならぶ者のなき堀田正俊《ほったまさとし》▲を刺殺するという事件が起こった。正俊の父正盛《まさもり》の従弟にあたる正休がなぜそこまで思い詰めたのか、その理由ははっきりしない。

ともあれ光圀はこのとき、かけつけた老中らが、正休に一言の弁明の機会もあたえずその場で彼を即座に斬り殺したことを不当とし、すわ一大事と見舞客で混雑する大老の屋敷に背を向けて、近い親類のほか訪れる人とてない正休邸へ世子綱條らをともなって弔問《ちょうもん》に出向き、夫人にねんごろに悔みを述べたのである。光圀のこの変った行動は世間に密かな評判を呼んだにちがいない。

同じく貞享年間（一六八四〜八七）、光圀は前述の小城藩主鍋島直能の子息で同藩を継いだ三代鍋島元武《もとたけ》▲と親交を結び、元武を含む十数人で千寿会《せんじゅかい》という仲間をつくり、隅田川《すみだがわ》岸の浅草《あさくさ》茶屋や駒形《こまがた》茶屋でしばしば会合を催し、ときには

▼稲葉正休　一六四〇〜八四年。美濃《みの》青野《あおの》藩主（一万二〇〇〇石）。近習《きんじゅ》をへて若年寄となる。

▼堀田正俊　一六三四〜八四年。下総古河《こが》藩主。若年寄をへて老中。綱吉擁立の功により大老に昇進。剛直《ごうちょく》の性格の人だったという。

▼鍋島元武　一六六二〜一七一三年。一六九二（元禄五）年から公《く》家《げ》接待役、翌年、綱吉の側近く仕える奥詰《おくづめ》となった。

それが船中になることもあった。千寿会には三代桑名《くわな》藩主の松平定重《まつだいらさだしげ》▲をはじめ旗本《はたもと》▲や町人《ちょうにん》も加わり、気のおけない仲間だったので、会合では光圀もついつい酒量がふえることがあり、元武宛の書簡には「一昨日は大酒を飲んで前後不覚の体《てい》、お恥ずかしいかぎり」とか、「大酒で伏せってしまい夜中の御帰邸も存ぜず御暇《いとま》乞いもせずまことに相すまない」などと、率直に詫びをいれている文言もある。

光圀はこの会合をいつもたいそう楽しみにしていたのであるが、やはり元武宛書簡には「ようやく鷹狩《たかが》りの時節、当年の殺生《せっしょう》はいかがなされるおつもりか、こちらの仲間は以前どおり行うつもりだ」と報じている。これは元武が参勤交代で小城へ帰っていたとき国許へ送ったものである。また別の書簡には「忍んで農村へ出かけ鳥を狙った。幕府へ知られたならば鳥盗人の張本人として牢屋《ろうや》入りかとおかしく思うよ」ともみえる。

そうすると千寿会は、いわゆる生類憐みの令がいくたびもだされるなか、綱吉の政治を快く思っていなかったグループという性格をもっていたように思われる。当時の江戸では、綱吉の好みにあわせてしきりに盛大な能や囃子《はやし》の会が

▼**松平定重**　一六四四〜一七一七年。一七一〇(宝永七《ほうえい》)年、郡代《ぐんだい》を経理上の問題で処刑、その一族、関係者ら三七〇人を死刑、追放・罷免などにしたが、この処分は重すぎるとした幕府から越後高田《えちごたかだ》藩へ移封《いほう》された。

▼**旗本**　江戸時代、将軍直属の家臣のなかで禄高一万石以下でお目見得《めみえ》以上の格式を有する者のこと。お目見得以下の者を御家人という。

徳川綱吉像

催され、それが契機となって市中ではこれが大流行していたので、会合は表向きこれらの見物という体を装うこともあった。当局に会の性格を察知されたくなかったからであろう。

日頃から三家を大切にしてこそ幕府の権威も上がるものを、と考えていた光圀は、綱吉や幕閣《ばっかく》首脳がこの時分、逆に三家の立場を軽視する傾向の強いことに不満であった。綱吉の政治への批判や正休への同情はそうした光圀の心理の表れとみられる。また、幼少期から父の指導で厳しい武芸の訓練を受けながら成長した光圀には、前にもふれたように、もともと自主・自立のいわば野性的気性が潜在していて、そうした気性も権力に対して反抗的態度をとらせる一因になっていたように思われる。

しかしさしもの光圀も、六〇歳を一、二年すぎたころから、気力・体力双方の衰えを自覚するようになる。一六八九(元禄二)年と推定される元武宛書簡には「何事もうつらうつらと日をすごしている」とみえ、翌年と覚しき、水戸から江戸の元武へ送った書簡には、

気力がなくなり、右の腕が痛み手もふるえる。この分では江戸へ戻っても

今までのようには勤めはできなかろう。私の体調のよくないことについて折々仲間へも話をしておいてほしい。ともあれ老衰ということ、これからはそろそろ公務も減らさざるをえないと思う。残念至極だが年には勝てぬ。奉公もままならぬとはさてさて是非なき次第。

と気弱な文面をつづるようになっていた。

③—修史事業の展開

鵞峰との会見

光圀藩主時代の修史の進捗《しんちょく》状況についてここでまとめて述べることにしたい。

光圀が襲封《しゅうほう》の翌年すなわち一六六二(寛文《かんぶん》二)年、幕府《ばくふ》は儒官《じゅかん》林《はやし》鵞峰《がほう》に未完の『本朝編年録《ほんちょうへんねんろく》』の編纂継続を命じ、二年後には新しい編纂局として国史館《こくしかん》が竣工、書名も『本朝通鑑《つがん》』▲と変った。この一六六四(寛文四)年の十一月、三七歳の光圀は一〇歳年長の鵞峰を小石川《こいしかわ》邸に招き会見の機会をもった。

その席上、光圀は、『本朝通鑑』の編纂は国のため林家《りんけ》のため後世のためまことにめでたいこと、とまず祝意を表したあと、二つの問題について質問した(以下、『国史館日録』▲)。

一つは、編纂の基本方針についてである。光圀の質問に鵞峰は、北宋《ほくそう》(九六〇〜一一二七)の司馬光《しばこう》▲の著『資治《しじ》通鑑』▲以来、「通鑑」と称する史書は事実を正確に記述すればそこから勧善懲悪《かんぜんちょうあく》の精神をおのずからくみとることができる、

▼**『本朝通鑑』**　幕府が林羅山《らざん》・鵞峰に命じて編纂させた漢文編年《かんぶんへんねん》体《たい》の日本通史。三一〇巻。『本朝編年録』の草稿に鵞峰らが修訂を加えて一六七〇(寛文十)年に完成(後文参照)。

▼**『国史館日録』**　一六六二(寛文二)年から七〇(同十)年にいたる林鵞峰の日記。一八巻。

▼**司馬光**　一〇一九〜八六年。司馬温公《おんこう》とも称される。

▼**『資治通鑑』**　政治の助けになって為政者の鑑とすることができる通史の意味。紀元前四〇三〜九五九年まで一三六二年間の編年体史書。完成は一〇八四年。本文は二九四巻。

林鵞峯像（狩野探庵筆）

という書法であり、また史上の人物については、道徳的見地からの評価を議論する体裁になっているが、このたびは幕命《ばくめい》でそうした議論は加えないことにしている、私としてはいささか物足りないけれども、文中にその精神をあらわすことはできると考えている、と答えた。

これを聞いた光圀はさっそく「西へくだってのちの安徳《あんとく》天皇（一一七八～八五）は正統の天皇といえるか」、「後醍醐《ごだいご》天皇（一二八八～一三三九）が皇位を北朝《ほくちょう》に伝えず、北条高時《ほうじょうたかとき》（一三〇三～三三）は光厳《こうごん》天皇（一三一三～六四）を、足利尊氏《あしかがたかうじ》（一三〇五～五八）は光明《こうみょう》天皇（一三二一～八〇）を立てたが正統はどちらにあるのか」という二点を糺《ただ》した。これに対し鵞峯は、「皇統にかかわるような重大事は公命なくして議論はできないが、それでもあなたのような方に読んでいただければ私のいささかの志はおわかりになるだろう」と返答した。

この発言に光圀は、いかにも満足げにほほえんだ、という。のちに述べるいわゆる三大特筆と関連させて考えると、自分は皇統の正閏《せいじゅん》問題を歴史上にきちんと位置づけてみせる、という意味をこめての微笑だったのではあるまいか。

もう一つの質問は、叙述の終期についてである。光圀はこの会見で、あまり近い時代のことは事実をありのままに記すと支障が生じ、筆をまげれば識者はこれを非難するだろうから、史書は筆を一〇〇年ほど前でとめておくのが妥当と思う、と述べると、鵞峯は、私のほうはすでに後陽成《ごようぜい》天皇の譲位（一六一一年）を下限とすると決めているから今さら変更できない、と答えた。これに対し光圀は黙ってなにもいわなかった。終期についてはまだ迷っていたのであろう。

しかし、まもなく取り上げる、光圀が田中止丘《たなかしきゅう》▲に命じて撰ばせた「開彰《しょうこう》考館記《かんをひらくのき》」には、「上は神武《じんむ》（天皇）から下は近世にいたるまで、紀をつくり、伝を立て」とみえ、さきに引用した遣迎院応空《けんごういんおうくう》宛の光圀書簡には、「上古から近代までの出来事を本紀列伝《ほんぎれつでん》に仕立て」とあった。

要するに、史書の客観性保持のためには当代から一〇〇年ほど前で筆をとめるべきだ、といっているので、光圀としては室町《むろまち》幕府の末期あたりまで書き継ぎたいと考えていたように思われる。ただし現実には、南北朝《なんぼくちょう》合一時の後小《ごこ》松《まつ》天皇（一三七七〜一四三三）まででおえざるをえなかったことは後述するとおりである。

▼**田中止丘**　一六三七〜八二年。京都の人で林羅山の門人。一六六八（寛文八）年から光圀に仕え彰考館にはいる。

史局陣容の充実

ともあれ、林家の修史事業に当時大きな刺激を受けつつあった光圀は、鵞峯との会見前後の時期、史局《しきょく》員を藩外からしきりに招き、陣容を強化することにつとめている。

当初四人だった史局員は、しだいにふえて一六六八（寛文八）年には二〇人になった。このなかには前記の田中止丘をはじめ、中村篁渓《なかむらこうけい》▲・人見懋斎《ひとみぼうさい》▲・吉弘菊潭《よしひろきくたん》▲ら、やがておおいに活躍する学者も含まれている。

彼らの努力によって三年後の一六七一（寛文十一）年には、神武天皇から桓武《かんむ》天皇（七三七〜八〇六）までの本紀二六冊の草稿ができて光圀の閲覧に供され、史局員には慰労として銀が贈られた。一六五七（明暦《めいれき》三）年の史局開設から数えると一四年がたっていたわけである。もっとも実際の執筆開始は一六六一（寛文二）年ころからのようであるが、それでも一〇年の歳月を要したのである。

これに対し林家のほうは、前年の一六七〇（寛文十）年には早くも『本朝通鑑』全三一〇巻を完成させ、将軍家綱《いえつな》に献上することができた。それまでに草稿のできていた宇多《うだ》天皇（八六七〜九三一）の時代以降について執筆を進め、予

▼**中村篁渓**　一六四七〜一七一二年。京都の人で林羅山の門人。一六六七（寛文七）年から光圀に仕え、彰考館にはいる。

▼**人見懋斎**　一六三八〜九六年。人見卜幽《ぼくゆう》の養子。一六八三（天和三）年初代の彰考館総裁。

▼**吉弘菊潭**　一六四三〜九四年。周防《すおう》の人。一六六四（寛文四）年から光圀に仕え、彰考館にはいり、一六八八（元禄元）年から九一（同四）年まで総裁をつとめる。光圀の依頼により「梅里《ばいり》先生碑陰文《ひいんぶん》」（七一〜七三ページ参照）を添削した。一六九四（元禄七）年、小姓頭《こしょうがしら》児玉《こだま》数衛門《かずえもん》と喧嘩《けんか》して共に死去。

定どおり後陽成天皇までをわずか七年で書き上げたことになる。編年体《へんねんたい》と紀伝《きでん》体《たい》との違いがあるにせよ、鵞峯らの精進ぶりには驚かされる。

一六七二(寛文十二)年、光圀はこれまで駒込《こまごめ》の火事小屋御殿にあった史局を小石川邸内に移してみずからこれを「彰考館《しょうこうかん》」と名づけた。「彰考」とは、中国晋《しん》代の杜預《とよ》▲の記した『春秋左氏伝《しゅんじゅうさしでん》』▲序にある「彰往考来《しょうおうこうらい》」からとったもので、過去の人間の営みを振り返ることによって、将来への展望を拓き、人びとの言動の指針にしよう、というのである。

この年の執筆である田中の「開彰考館記」には、さきの文章に続けて、「司馬《しば》遷《せん》や班固《はんこ》▲の遺風《いふう》にならい、倭史《わ(やまと)し》(日本の歴史)を編むことにつとめてきた。それは、治乱のあとを記し、善悪を明らかにし、もって勧善懲悪の大典としたいという志願からである。この年いよいよその志願をとげようと史局を小石川本邸へ移し、みずから名称を定めて彰考館ということにした」とある。

史料調査の旅――その(1)

次の延宝《えんぽう》年間(一六七三～八〇)になると、一六七四(延宝二)年に佐々十竹《さっさじっちく》が史

▼**杜預**　二二二～二八四年。中国晋の武帝に仕え、鎮南《ちんなん》大将軍となって呉《ご》をくだした。博識の学者でもあって『左伝集解《さでんしゅうげ》』などの著書がある。

▼**『春秋左氏伝』**　『春秋』(中国春秋時代の魯《ろ》の年代記で五経《ごきょう》の一つ)の注釈書。三〇巻。左丘明《さきゅうめい》の作と伝えられる。『春秋』の三伝(左氏伝・公羊《くよう》伝・穀梁《こくりょう》伝)のうち、史話が豊富でしかも文学性に優れているのは左氏伝といわれる。

▼**班固**　三二～九二年。中国、後漢の歴史家。『史記《しき》』に続く正史『漢書《かんじょ》』の著者。

局彰考館にはいり、七六(同四)年からはいよいよ史局員が遠隔地へでかけて史料調査にあたる作業が始まった。将来への指針となるしっかりとした史書の編纂には良質の史料の活用は不可欠である。史実を包み隠さず記述すればそこにおのずから勧善懲悪の道理があらわれる、というのは儒教《じゅきょう》の歴史思想であるが、それは同時に光圀と史局員との共通の信念でもあって、その信念が全国的な史料調査への意欲を掻き立てる基になっていた、と考えられる。

一六八〇(延宝八)年には、佐々が中心となって奈良・熊野《くまの》・吉野《よしの》をまわり、光圀の指示を受けてとくに南朝関係の史料収集に力をいれ、これについての片々たる史料でも収集に心がけ、その状況は逐一光圀に報告された。光圀は、一時後醍醐天皇の行宮《あんぐう》となった吉野の吉水院《よしみずいん》(現在の吉水神社)へ赴いた佐々からの、院主《いんじゅ》の特別のはからいで秘蔵の文書・記録を旅宿に借りだすことまで許してくれた、という知らせを受け取ったときには、院主に丁重な礼状を認《したた》め、時候にあった服一重ねを進呈している。

このように光圀は、家臣から史料調査で好意を受けたと知らされると、面倒がらずに先方へ礼状をだし、先方から水戸家所蔵の古典の筆写などの依頼があ

日本最古といわれる吉水神社の書院(奈良県吉野郡吉野町)

史料調査一覧

年　次	調　査　地	調　査　員	調査記録・史料
1676(延宝4)	京都	板垣聊爾	
1678(　6)	京都	佐々十竹・板垣	
1679(　7)	京都・吉野	板垣・鵜飼錬斎	
1680(　8)	河内・奈良・高野山・熊野・吉野	佐々・鵜飼・板垣・吉弘菊潭	南行雑録・両京日記
1681(天和元)	奈良・京都	佐々・鵜飼・吉弘・内藤貞顕・秋山久積	〃
1682(　2)	京都	山県元纜・佐々・鵜飼	
1685(貞享2)	武蔵金沢称名寺,九州・中国・北陸の一部	佐々・丸山活堂	西行雑録・筑紫巡遊日録・古簡雑纂
	京都	鵜飼	
1686(　3)	河内・和泉	鵜飼	
1687(　4)	伊勢・京都	鵜飼	
1688(元禄元)	京都	大串雪瀾	
1689(　2)	京都・奈良	大串・安藤年山	続南行雑録
1691(　4)	東北	丸山	奥羽道記
1692〜93(5〜6)	河内・京都・奈良	佐々	又続南行雑録

『水戸市史』中巻㈠より(一部修訂)。

▼**『資治通鑑綱目』** 『資治通鑑』の記事を名分論《めいぶんろん》と正統論の立場から再編成した史書。五九巻。

れば、快くこれを許している。

光圀が当代まで続く北朝を正統とみる当時の通念に反して、南朝《なんちょう》への関心を強めるようになったのはなぜであろうか。一つは、このころ『太平記《たいへいき》』の流布によって南朝君臣《くんしん》の事蹟が人びとの関心を集めるようになっていたこと、もう一つは、南宋《なんそう》(一一二七〜一二七九)の朱熹《しゅき》が『資治通鑑綱目《こうもく》』▲で漢《かん》の子孫と自称する劉備《りゅうび》(一六一〜二二三)の建てた蜀漢《しょっかん》を後漢《ごかん》滅亡後の正統とした主張からの影響が考えられる。この朱熹の主張は、さきに北宋の司馬光が『資治通鑑』で、中原《ちゅうげん》を領有した魏《ぎ》の正統性を事実上認めた立場と対立するもので、光圀はわが国南北朝時代の、京都の朝廷・室町幕府と、吉野の南朝との関係を、魏と蜀漢のそれとに比定して、南朝の正統性に注目したとみられるのである。

さて、いったん江戸へ戻った佐々らは、翌一六八一(天和《てんな》元)年にも京都・奈良にでかけている。すでにこの方面の調査は行っていたけれども、なお東大寺《とうだいじ》などへあらたな史料を求めて採訪を続けたのである。このときの記録「両京《りょうきょう》日記」によれば、京都から奈良にいたり、猿沢池《さるさわいけ》のほとりの旅宿に半月ほど逗留しながら東大寺文書《もんじょ》の調査にあたった、現地で雇った筆耕三、四人とともに能率をあげたものの、ある一日などはひどい蒸し暑さで疲れ果ててしまった、という。

文書・記録の閲覧を許されると、その謝礼として調査先に金銭を支払う場合のほか、水戸《みと》藩産の和紙・鮭・海苔《のり》などを贈ることもあった。

佐々らはこのあと京都へ戻り、醍醐寺三宝院《だいごじさんぽういん》▲で調査し、そこでは南朝の事蹟で他書にはみえない史料を書きぬいたりした。この知らせを受け取った光圀はたいそう喜んだという。

しかし、宮家《みやけ》や公卿《くぎょう》のなかには虫損《ちゅうそん》あるいは秘蔵を理由に来訪を断わってくることもあった。

こうした努力の結果、修史事業はようやく軌道に乗った。一六八〇年にはすでに神武天皇から後醍醐天皇にいたる本紀の清書が終り、三年後には「新撰紀《しんせんき》伝《でん》」と称される一〇四巻ができた。その構成は、本紀二一巻、皇后紀五巻、諸女列伝二巻、皇子伝五巻、諸士列伝一巻、列伝七〇巻で、さっそく光圀のもとへ届けられた。

この間、南朝関係の史料収集に力をえていよいよその正統性の信念を強めた

▼**醍醐寺三宝院**　醍醐寺は京都市伏見《ふしみ》区にある真言宗《しんごんしゅう》醍醐派の総本山《そうほんざん》。三宝院など五門跡《もんぜき》がある。鎌倉《かまくら》時代に再興され、室町時代に一時衰えたが、満済《まんさい》が三宝院門跡となって隆盛に赴いた。一四七〇(文明《ぶんめい》二)年、応仁《おうにん》の乱《らん》で堂宇を失ったが、豊臣秀吉《とよとみひでよし》の帰依《きえ》を受けて再建された。

光圀は、これを史書に反映させるためには、少なくとも南北朝合一時の後小松天皇まで叙述を延ばすべきだと考えるようになっていた。もとより、南朝史を叙述するとなれば、後醍醐天皇の次の後村上《ごむらかみ》から、長慶《ちょうけい》、後亀山《ごかめやま》、そして後小松へと続く天皇の時代の紀伝をあらたに執筆しなければならない。しかも子細に検討したところ一応できたとされた「新撰紀伝」にも修正すべき重複や脱落のあることが判明した。

　このような事情のもと、史局では一六八三(天和三)年、編纂上の統一をはかるとともに能率よく作業を進める一つの方策として、総裁選任の儀が起こり、光圀もただちにこれを諒《りょう》とし、その結果、初代総裁には史局員の総意により人見懋斎が就任した。なお、同年、水戸出身で朱舜水《しゅしゅんすい》門下の安積澹泊《あさかたんぱく》が光圀の命で史局にはいる。時に二八歳であった。

三大特筆について

　こうして史局では、人見総裁のもと、追加すべき紀伝の編纂と重複脱落箇所の補正に力をそそいでいくのであるが、後年、この史書の思想上の主張を端的に示すものとして知られるようになる、いわゆる三大特筆もこの天和年間(一六八一〜八三)には確立している。

その三大特筆とは、神功《じんぐう》皇后を本紀に載せず后妃《こうひ》伝にいれたこと、大友皇子《おおとものおうじ》(六四八〜六七二)の即位を認めて「天皇大友紀」を立てたこと、南朝を正統としたこと、の三件で、いずれも皇統の問題である。実は「新撰紀伝」がなったとき、「天皇大友紀」はすでにそのなかにはいっており、また前述のように南朝正統の立場がかたまっていたことで、二件は決着していた。

安積澹泊の回想によれば、彼が史局にはいったころにみた紀伝の草稿では北朝の五人の天皇は本紀ではなく列伝にはいり、しかも足利一族は悉く《ことごと》「賊」と記されていたという。こうした書きぶりは、歴史のなかで個人がいかなる役割を果したのかその「実」を明らかにし、それにふさわしい「名」をその人にあたえようとする儒教の正名論《せいめいろん》の立場からする記述と考えられ、これはその当時の修史が儒教の歴史思想からの強い影響のもとで構想されていたことを示すものである。

三大特筆のもう一つ、神功皇后については、一六八四(貞享《じょうきょう》元)年、神代《じんだい》の

▼**丸山活堂**　一六五七〜一七三一年。常陸の人。諱《いみな》は可澄《よしずみ》、通称は雲平《うんぺい》、活堂は号。一六七四(延宝二)年彰考館にはいる。一六九一(元禄四)年、光圀の命を受け単独で奥州に史料調査に出張した。

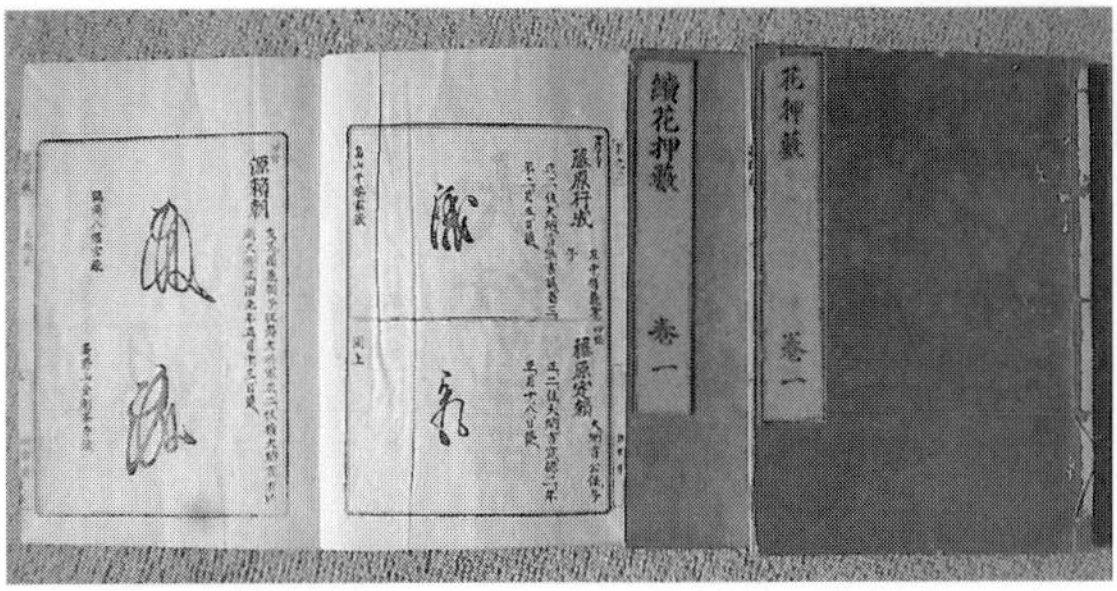

『花押藪』『続花押藪』

ことは怪異のことばかりなので神武紀の書出しの部分にもいれるべきではないとの指示とともに、皇后は列伝にいれるようにとの光圀の意向が史局に伝えられ、ここに三大特筆の確立をみたのである。

　こうして修史が一つの画期を迎えたからか、光圀はこの年、史局彰考館を小石川邸内に新築し、史局員とともにその落成を祝った。

史料調査の旅——その(2)

　翌一六八五(貞享二)年、光圀はこれまでにない規模の史料調査を命じ、佐々十竹・丸山活堂《まるやまかつどう》▲らは四月二十六日から十一月六日まで、九州・中国・北陸方面へでかけた。一行の訪れたおもな土地を旅程順に示せば次のようである(『水戸市史』中巻㈠所収の「九州・中国・北陸方面史料採訪日程表」を簡略化したもの)。

江戸《えど》—(東海道《とうかいどう》)—京都—大坂—(船)—小倉《こくら》—宇佐《うさ》—柳川《やながわ》—諫早《いさはや》—長崎—(船)—川尻《かわじり》—熊本—水俣《みなまた》—坊津《ぼうのつ》—鹿児島—延岡《のべおか》—阿蘇山《あそさん》—山鹿《やまが》—博多《はかた》—小倉—(船)—下関《しものせき》—山口—岩国《いわくに》—(船)—厳島《いつくしま》—(船)—広島—尾道《おのみち》—杵築《きづき》—(大社《たいしゃ》)—米子《よなご》—大山寺《だいせんじ》—西宮《にしのみや》—大坂—京都—米原《まいばら》—関ケ原《せきがはら》—名古屋—(東

▼**奉行**　一六三五（寛永十二）年に新設された水戸藩の職名。一八一九（文政《ぶんせい》二）年から若年寄《わかどしより》と改められた。初め二人で水戸を勤務地とし庶務をつかさどっていたが一六六七（寛文七）年から三人となり、江戸での勤務となった。

▼**『扶桑拾葉集』**　三〇巻。わが国古今《ここん》の、序・跋・記・日記・紀行・賛などの仮名文三一三点をほぼ年代順・作者別におさめた書。

▼**『礼儀類典』**　朝廷の恒例・臨時の朝儀《ちょうぎ》・公事《くじ》に関する記事を抽出・分類して部類分けした書。目録一巻、恒例二三〇巻、臨時二八〇巻、附図三巻の計五一四巻。

▼**『草露貫珠』**　光圀が家臣《かしん》中村《なかむら》立節《りっせつ》と岡谷《おかや》義端《ぎたん》に命じ、中国の漢から明《みん》までの草書《そうしょ》を法帖《ほうじょう》からぬきだして集録させた草書字典《じてん》。二一巻・一六九五（元禄八）年の成立。二一巻・拾遺一巻。

海道）―江戸

佐々らは、この長途の旅のためあらかじめ用意した金子《きんす》のほかに念のため京都で三〇両借りて持参したものの思いのほかの出費で不足をきたし、帰路広島あたりから九月二十日前後にいったん京都へ戻るから五〇両を必ず届けておいてほしい、と江戸の奉行《ぶぎょう》▲に懇願している。苦しい財政状況で資金の捻出は奉行にも容易でなかったにちがいないけれども、遠国の見知らぬ土地で調査を続けなければならない佐々らの労苦もまた一入《ひとしお》なものがあったのである。佐々らは京都からさらに北陸へと旅立つことになる。

光圀は、修史と並行して、実は『扶桑拾葉集《ふそうしゅうようしゅう》』▲『礼儀類典《れいぎるいてん》』▲『草露貫珠《そうろかんじゅ》』▲『花押藪《かおうそう》』▲『新編鎌倉志《しんぺんかまくらし》』▲などの編纂も進めていたのであり、また『万葉集《まんようしゅう》』にも強い関心をよせていて、大坂在住の契沖《けいちゅう》（一六四〇～一七〇一）にその注釈書の作成を依頼していた。契沖は光圀の全面的な経済的支援を受けながら研究に没頭し、一六九〇（元禄《げんろく》三）年、それを『万葉代匠記《まんようだいしょうき》』（二〇巻）と題して光圀のもとへ届けることができた。もっとも契沖はこれより三年ほど前すでに初稿本を書き上げていたが、これに満足せず、さらに諸伝本との校合など修訂を加え、注釈も再検討して完成させたのである。世にこれを精選本という。この書は『万葉集』研究史上の金字塔であるばかりか、後世本居宣長《もとおりのりなが》らにも大きな感化をあたえて国学《こくがく》興隆の基礎になったことでもよく知られている。なお、書名の「代匠記」とは光圀にかわって記したという意味に解するのが適切のようである(福田耕二郎『水戸の彰考館—その学問と成果—』)。

▼**『花押藪』** 古記旧文について諸家の花押を集めて姓名と事歴を記した書。七巻。光圀が家臣丸山活堂に命じて編纂させた。同じく丸山編の『続花押藪』七巻もある。

▼**『新編 鎌倉志』** 光圀が家臣河井《かわい》友水《ゆうすい》・力石《ちからいし》忠一《ただかず》らに命じて編纂させた地誌。八巻。

④—「西山隠士」の一〇年

致仕とその事情

さきに引用した鍋島元武《なべしまもとたけ》宛の書簡でみたように、一六八九(元禄《げんろく》二)年ころから光圀自身健康に不安を感じていて、翌九〇年になるとその加速を自覚するようになっていた。

同年十月十四日、将軍綱吉《つなよし》の使者として老中《ろうじゅう》阿部正武《あべまさたけ》▲が小石川《こいしかわ》邸をたずね、病気を理由にかねて致仕《ちし》を考えていた光圀に、将軍の許しがおりたことを告げ、同日、同役土屋政直《つちやまさなお》▲から、水戸《みと》徳川家を世子《せいし》綱條《つなえだ》に継がせるとの将軍の命が伝達された。もっとも光圀は、将軍に正式な引退届をだしていたわけではなく、かねて折にふれ健康上の理由から引退したいとの希望を老中たちにも申し出ていたのである。前出の元武宛書簡にもすでに体調不良のことを周辺にも伝えておいてくれるようにとの文言がみえていた。

翌十五日、光圀は新藩主綱條を同道して登城し、将軍に致仕と襲封《しゅうほう》とを謝すると、同日、権中納言《ごんちゅうなごん》に任ぜられた。

▼阿部正武　一六四九〜一七〇四年。江戸時代前期の大名。武蔵《むさしの》国《くに》忍《おし》藩の藩主。一六八一(天和元)年から死去するまで二三年間老中として綱吉の治世を支えた。

▼土屋政直　一六四一〜一七二二年。江戸時代前期の大名。一六七九(延宝《えんぽう》七)年から常陸土浦《つちうら》藩主。一時他へ転じたがふたたび土浦に移り、綱吉・家宣《いえのぶ》・家継《いえつぐ》・吉宗《よしむね》の四代の将軍に仕え、三一年間老中の職にあった。

『桃源遺事』(写本)所載の西山図

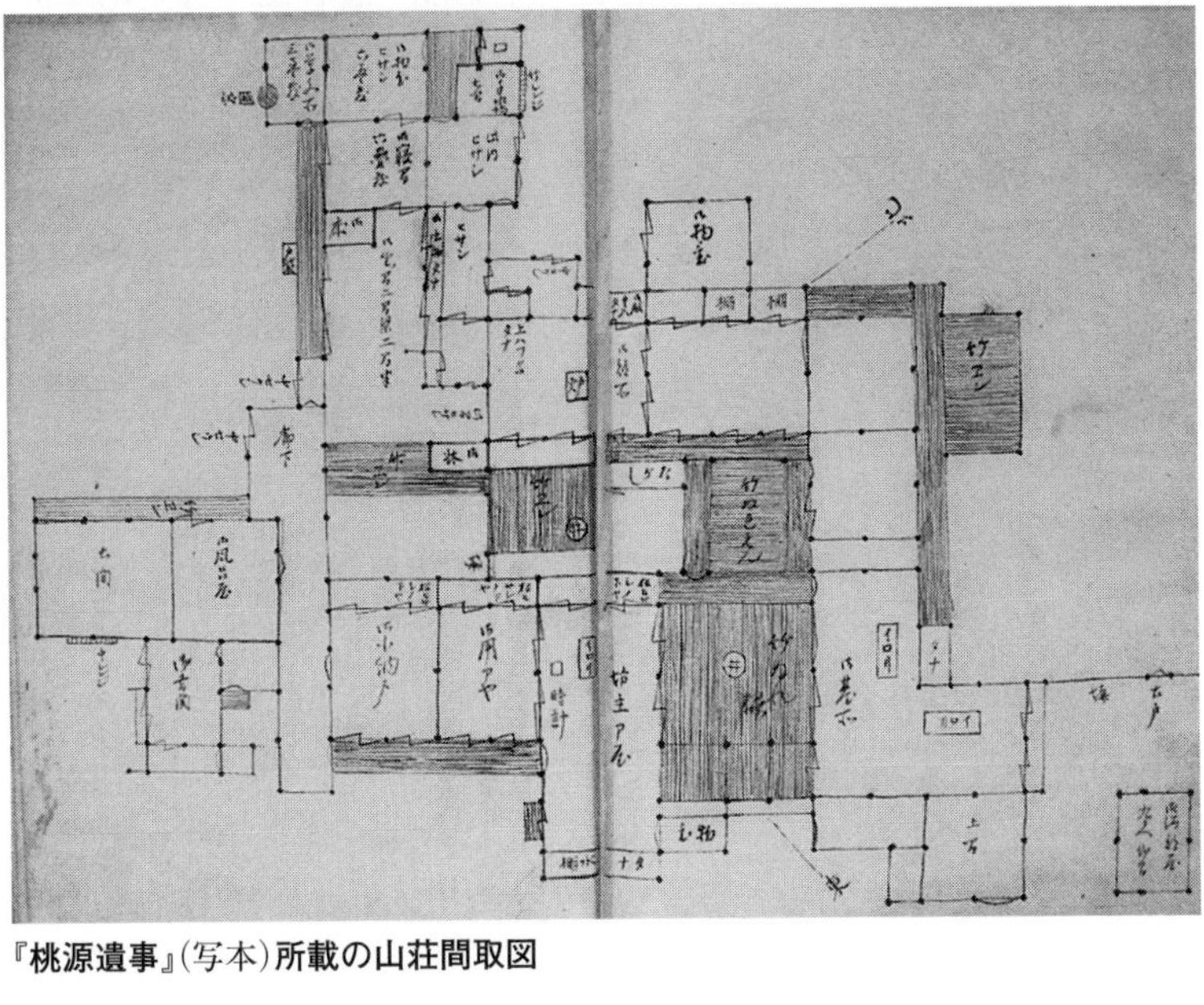

『桃源遺事』(写本)所載の山荘間取図

位山のぼる《昇》もくるし《苦》老の身は
ふもと《麓》の里ぞすみ《住》よかりける

とは、そのときよんだ歌である。今や引退の身であるから過分な官職などは遠慮したいと申し出たが、老中より上意《じょうい》だからと強く勧められ、やむなく承知することにしたという。

権中納言に任ぜられた光圀は、以後、黄門《こうもん》あるいは水戸黄門と称されるようになる。黄門とは唐《とう》の時代、門下省《もんかしょう》次官、黄門侍郎《じろう》のことで、わが国の官職にこれをあてはめると中納言に相当する。権中納言は定員外の中納言という意味であるが、なぜか江戸幕府《えどばくふ》成立後、中納言は一人もいなかったようである。

ちなみに、歴代の水戸藩主一一人のうち権中納言に任ぜられたのは、光圀以外に、初代の父頼房《よりふさ》、三代綱條、六代治保《はるもり》、八代斉脩《なりのぶ》、九代斉昭《なりあき》、十代慶篤《よしあつ》の六人であった。したがって、「水戸黄門」は七人いたということになる。しかし黄門といえば光圀のことを想起するのは、歴史上多数の「黄門」のなかで傑出した存在と考えられていたからであろう。それは、太閤《たいこう》が前関白《さきのかんぱく》の称でありながら、一般にはとくに豊臣秀吉《とよとみひでよし》をさすのに似ている。

光圀が致仕を願っていたのは、たしかに体調不良もその原因の一つであるが、それだけではなく、在職三〇年、養嗣子綱條はすでに三五歳になっていたので、この辺がよい潮時と判断し、これからは隠居の立場で綱條を後見したいと考えていたことにもよるのである。

しかし外見上は、致仕がいかにも突然のようにみえたので、当時から綱吉との不仲が原因だろうとか、綱吉から引退勧告を受けたからだとか、いろいろの憶測を呼んだのであるが、いずれも根拠ある説とはいいがたい。

さきにも述べたように、綱吉のだしていた生類憐《しょうるいあわれ》みの令《れい》には内心不快に思っていたことは事実であっても、光圀は表面上通常どおりの交際を続けてきたし、後述するようにこれからもそのことに変りはないのであるから、綱吉との不和が主要な原因だったとはいえない。

光圀は同年十一月二十九日に江戸を発ち、十二月四日水戸に到着、その翌日から三日間、家臣《かしん》を水戸城に集め引退の訓示を行った。そこで光圀は、引退を決意するにいたった健康状態について、近ごろは腕が痛みかつ寒気の節には下血をみることもあると述べたあと、この三〇年間どうにかして家中《かちゅう》の面々を労《いたわ》

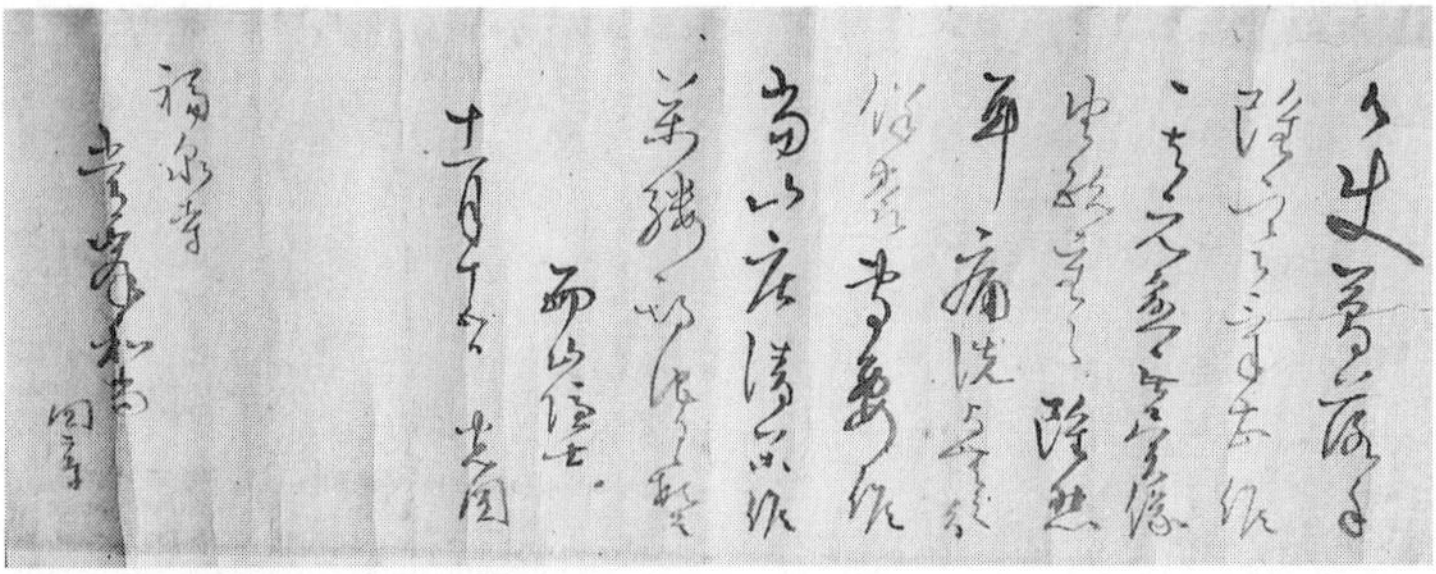

光圀の自筆書簡(福泉寺常峯和尚宛)

りたく考えてきたが、年々人数がふえ、ほどこす策もつき、とりわけ近年になって皆々困窮という事態を招いている、と率直に詫びるとともに、今後は各人が新藩主を盛り立てながら儒教《じゅきょう》の教えを学び、その五倫の道をわきまえて篤実《とくじつ》謹厚《きんこう》につとめてほしい、と説諭した。

五カ月近く水戸城に逗留したあと、五月の初め久慈《くじ》郡新宿《あらじゅく》村西山《にしやま》(常陸太田《ひたちおおた》市)にかねて建設中だった隠居所に移り住む。

光圀がこの場所に隠居所を建てた理由は、そこが瑞龍山《ずいりゅうざん》墓地や母久子《ひさこ》の十七回忌にあたって建てた久昌寺《きゅうしょうじ》の近くであり、また一八歳以来敬仰《けいぎょう》してやまない伯夷《はくい》・叔斉《しゅくせい》兄弟がこもって餓死したと伝えられる首陽山《しゅようざん》の別名西山《せいざん》と奇しくも同じ地名であることが考えられるが、もう一つ政治的理由もみのがせない。それはこの地が平安《へいあん》時代以来四百数十年のあいだ、常陸北部に君臨した源氏《げんじ》の名族佐竹《さたけ》氏の本拠であり、祖父家康《いえやす》によって秋田へ左遷され九〇年近くをへているとはいえ、この地の親佐竹の気風はなお根強かったので、ここにほとんど無防備で住むことにより、この地にとけこもうとする姿をみせて人びとの警戒心をやわらげようとの配慮も強く働いていたように思われる。

現在、西山荘《せいざんそう》▲と呼ばれているこの隠居所には、佐々《さっさ》ら六〇余人が伺候《しこう》し、当時西山御殿、西山別荘といわれ、主人の光圀自身は西山隠士《いんし》、西山樵夫《しょうふ》、西山光圀などと称するようになる。

山荘での光圀は、隠居の身だからと正月に門松を立てず、五節供《せっく》にも祝儀《しゅうぎ》は行わなかった。しかし隠居後も毎年、正月十一日の具足の祝いだけは必ず厳重に執行した。その日は一一歳のとき将軍家光《いえみつ》から具足を拝領した記念日であり、それを座敷にかざり、道服《どうぶく》袴《はかま》着用の光圀が近侍《きんじ》の士を同伴して行われた。ここに武人《ぶじん》・武将《ぶしょう》としての心構えだけは終生忘れまいとする光圀の意気込みをみてとることができる。

梅里先生の碑

一六九一(元禄四)年十月一日、六四歳の光圀は瑞龍山の墓地内に寿蔵碑《じゅぞうひ》を建て、その地中には在職中の装束《そうぞく》を埋めた。碑の前面には「梅里《ばいり》先生墓」と自筆の五文字を、そして碑の裏面には自撰の文章を史局《しきょく》員鵜飼錬斎《うかいれんさい》▲に清書させ、きざませた(七五ページ下右写真参照)。

▼**西山荘**　山荘は光圀が死去するとまもなく取り壊されたが、のち一七一六(享保《きょうほう》元)年に家屋の主要部分を除いた三分の二ほどを廃し、もとの規模からみれば三分の一ほどにして再建された。しかしこれも一八一七(文化《ぶんか》十四)年に野火にかかり焼失したので、一九(文政《ぶんせい》二)年にその焼失した家屋の復元工事を行い、翌年完成。今日みる西山荘はこのときのものである。

▼**鵜飼錬斎**　一六四八〜九三年。京都の人。山崎闇斎《やまざきあんさい》の門人。一六七八(延宝六)年から光圀に仕え、彰考館《しょうこうかん》にはいる。一六九二(元禄五)年に総裁。

この碑陰文《ひいんぶん》は、光圀が藩主を辞するまでの履歴を二九九字の漢文で簡潔に叙述した自叙伝で、それは中国の詩人陶淵明《とうえんめい》（三六五〜四二七）がみずからの理想とした人間像を記した「五柳《ごりゅう》先生伝」に範をとってつくったものといわれている。しかし、「五柳先生伝」が風流隠士の生き方をいわば第三者的に述べているのに対し、これは光圀の人生観、対人関係、修史に際しての自己の信念・思想を明確に示している点で、大きな相違がある。かねて名文の誉れ高いものであるから、全文を読下しにして次に掲げる。

先生は常州《じょうしゅう》水戸の産なり。その伯《はく》は疾《や》み、その仲《ちゅう》は夭《よう》す▲。先生夙夜《しゅくや》膝下《しっか》に陪《ばい》して戦戦兢兢《せんせんきょうきょう》たり。その人となりや物《もの》に滞《とどこお》らず、▲事《こと》に著《ちゃく》せず、神儒《しんじゅ》を尊んで神儒を駁《ばく》し、仏老を崇《あが》めて仏老を排す。▲常に賓客《ひんかく》を喜び、殆《ほとん》ど門に市《いち》す。▲暇《いとま》ある毎《ごと》に書を読めども、必ずしも解するを求めず。▲歓《よろこ》びて歓びを歓びとせず、憂《うれい》て憂を憂とせず。▲月の夕《ゆうべ》花の朝《あした》、酒を斟《く》み意《い》に適《てき》すれば詩を吟じ情を放《はな》つ。声色飲食《せいしょくいんし》その美を好まず、第宅《ていたく》器物その奇を要《もと》めず、有れば則《すなわ》ち有るに随いて楽胥《らくしょ》し、▲無ければ則ち無きに任せて晏如《あんじょ》たり。▲蚤《はや》くより史を編むに志有り。然《しか》れども書の徴《ちょう》すべきもの罕《まれ》なり。爰《ここ》に捜《さぐ》り爰

▼**「その伯……夭す」**　長兄（頼重）はやみ、次兄（亀丸《かめまる》）は幼時に死んだ。

▼**「その人……らず」**　性格は物事にこだわらず、さらりとしている。

▼**「神儒を……排す」**　神道・儒教・仏教・老子《ろうし》の思想を学んでもその一つに偏せず、みずからの判断で長所をとり、短所を斥ける。

▼**「常に賓……市す」**　いつも来客を喜んで迎えるので、門前に群がり集まるほどだ。

▼**「書を読……めず」**　解らないところは強いて解ろうとせず、悠々とした気分で読書する。

▼**「歓びて……せず」**　人生の喜びやうれいはそのまま受け入れながら、しかもそれに心を奪われることがない。

▼**楽胥**　楽しみ喜ぶ。

▼**晏如**　やすらかに落ち着いている。

に購《あがな》い、之《これ》を求め之を得たり。微遴《びりん》するに▲稗官《はいかん》小説▲を以《もっ》てし、実を摭《ひろ》い疑わしきを闕《か》き▲、皇統を正閏《せいじゅん》し、人臣《じんしん》を是非し、輯《あつ》めて一家の言を成す。▲元禄庚午《こうご》の冬、累《しき》りに骸骨《がいこつ》▲を乞《こ》うて致仕す。初め兄の子を養いて嗣と為《な》し、遂に之を立てて以て封を襲《つ》がしむ。先生の宿志《しゅくし》是に於《お》てか足れり。既にして郷に還り、即日攸《ところ》を瑞龍山先塋《せんえい》▲の側《かたわら》に相《そう》し、歴任の衣冠魚帯を瘞《うず》め、載《すなわ》ち封じ載ち碑し▲、自《みずか》ら題して梅里先生の墓と曰《い》う。先生の霊永く此に在り。嗚呼《ああ》骨肉は天命の終る所の処に委せ、水には則ち魚鼈《ぎょべつ》に施し、山には則ち禽獣《きんじゅう》に飽《あ》かしめん▲、何ぞ劉伶《りゅうれい》の鍤《すき》▲を用いんや。その銘に曰《いわ》く、月は瑞龍の雲に隠ると雖《いえど》も、光は暫《しば》く西山の峯に留まる。碑を建て銘を勒《ろく》する者は誰《たれ》ぞ、源《みなもと》の光圀字は子龍《しりょう》。▲

文化財保護の活動

光圀は、襲封前後のころから文化財保護・保存への関心を強めていたが、前述のように、厳しい寺院処分中であっても、由緒正しいものについてはその復興や保護につとめてきた。

▼**微遴するに**　「いささかえらぶに」と訓《よ》むこともできる。

▼**稗官小説**　民間のことを記した物語や小説。

▼**「実を摭……闕き」**　史実を拾いとって、疑わしいものは排除する。

▼**「皇統を……成す」**　皇統の正統・非正統、臣下《しんか》の行動の是非を明らかにして、自分独自の考えを立てた。

▼**骸骨**　官職を辞すること。

▼**先塋**　先祖代々の墓。

▼**「歴任の……碑し」**　歴任した官職の正装(衣服と冠、魚の形をした帯)を自分の身代わりとして墓地に埋め、碑を建てる。

▼**「骨肉は……めん」**　死後の肉体は、天命により死んだその場所、すなわち水辺でも山中でもそのままほうむって、水辺なら魚や亀に、山中なら鳥や獣にくわせればよい。

一六八三(天和《てんな》三)年、五六歳の光圀は、北領の巡見で下野国《しもつけのくに》那須《なす》郡小口《こぐち》村(栃木県那珂川《なかがわ》町)の庄屋《しょうや》大金重貞《おおがねしげさだ》家に立ち寄ったとき、大金の話とその著作『那須記』▲によって、ある古碑の存在を知った。その古碑は、同郡湯津上《ゆづがみ》村(栃木県大《おお》田原《たわら》市)の草むらに長年倒れ埋もれていたものであった。その後一六八七(貞享《じょうきょう》四)年に巡見で馬頭《ばとう》村(栃木県那珂川町)へでかけたとき、随行の佐々十竹《じっちく》にその古碑の拓本《たくほん》をとらせ、これは古代の那須国造《くにのみやつこ》▲の碑にちがいないと考えた光圀は、大金にその修理を命じた。

しかし、湯津上村は藩外のため、領主である代官《だいかん》と二人の旗本《はたもと》の了解をえる必要があった。そこで大金を仲介役に、地元名主《なぬし》らが証人となって、古碑周辺の田畑山林六反《たん》四畝歩《せぶ》を買いとる手筈にしたが、交渉は難航し、ようやく契約が成立したのは一六九一(元禄四)年である(『湯津上村誌』)。

古碑の修理は、佐々の指導のもと大金の協力によって行われ、同年末には終了、古碑は宝形造《ほうぎょうづく》り▲の鞘堂《さやどう》のなかに安置された。この碑は古代の六八九(永《えい》昌《しょう》元＝持統《じとう》天皇三)年に新羅《しらぎ》(三五六〜九三五)からの渡来人《とらいじん》が国造韋提《いで》という人物の高徳をたたえてその死後まもなく建てたものと考えられ、現在は笠石《かさいし》神社

▼劉伶の鍤　劉伶(西晋《せいしん》の人。竹林《ちくりん》の七賢人《しちけんじん》の一人)がつねに家《け》来《らい》に鍤をもたせておいて行く先々で死んだその場所に埋葬するようにいいつけておいた、という故事があるけれども、そのような真似をしなくてよい。

▼子龍　字《あざな》は初め徳亮《とくりょう》また観之《かんし》、のち子龍。号は日新斎《にっしんさい》、率然子《そつねんし》、梅里、常山《じょうざん》など。隠居後は西山、西山隠士などを用いた。

▼『那須記』　一五巻。下野国の豪族那須氏およびその一族・家臣の興亡を記した年代記。一六七六(延宝四)年の成立。

▼国造　大和《やまと》政権下の地方官。おおむね現在の郡ほどの地域を支配。大化改新《たいかのかいしん》後、多くは郡司《ぐんじ》となった。

▼宝形造り　方形《ほうぎょう》造りとも書く。四方または八方の隅棟《すみむね》が屋根の中央に集まっている屋根の形式。

下侍塚古墳の現況(栃木県大田原市)

笠石神社の神体としてまつられている那須国造碑(国宝)

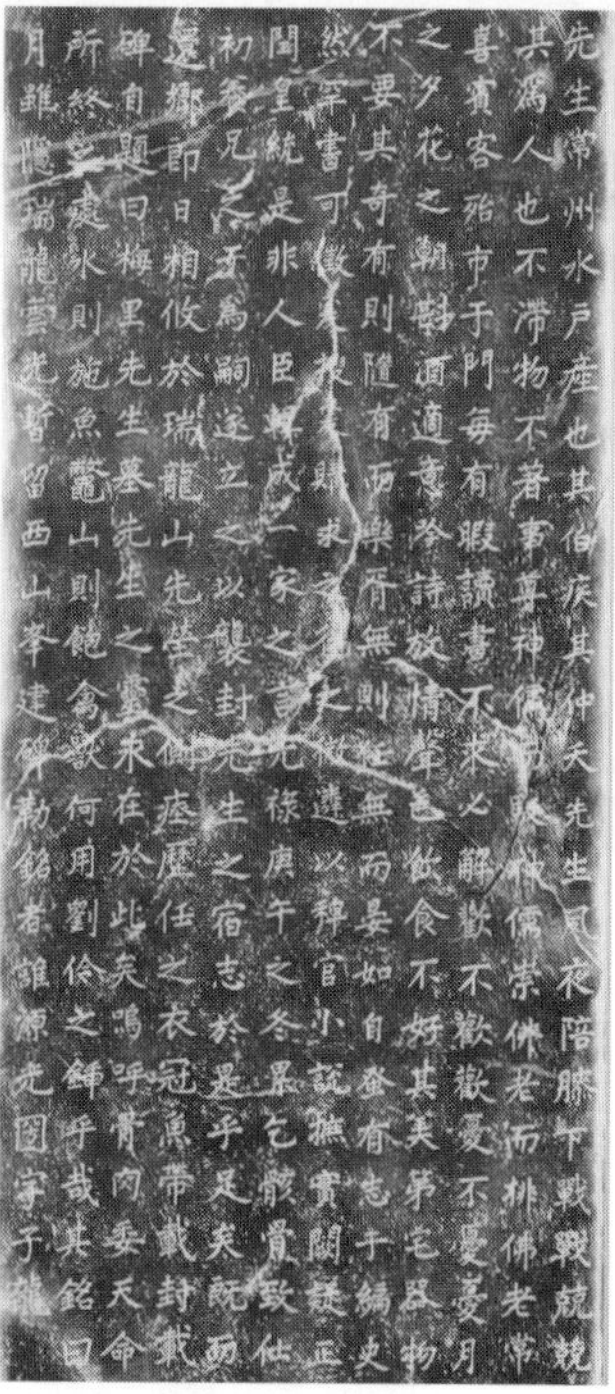

「梅里先生碑陰文」拓本

の神体としてまつられ、「那須国造碑」として国宝に指定されている。
古碑の修理が終るとすぐ、やはり佐々に命じ大金らに協力を求めてその近くの上侍塚《かみさむらいづか》・下《しも》侍塚（当時は上車塚・下車塚と呼ばれていた前方後方墳《ぜんぽうこうほうふん》。国指定史跡）の二古墳《こふん》の発掘調査を開始させ、翌一六九二（元禄五）年四月には終了した。この間、光圀は、出土した鏡・高杯《たかつき》・石鏃《せきぞく》などを絵師に描きとらせたのち、厚い松板の箱をつくらせ、現物はそのなかにいれてもとのように墳中へおさめさせた。調査後も光圀はこの古墳が那須国造の墓と信じており、それは事実ではないけれども、この発掘は学術的な着想をもって行われたわが国最初の試みといわれている。

隠居後の光圀は相変らず北に南に忙しく藩内巡見を続けていたのであるが、六月には大金家に宿泊し、湯津上村を訪れ、鞘堂のなかに立つ国造碑と発掘後もとの形に整備された両古墳を視察し、大金らに慰労金をあたえている。

古墳の調査を終えた四月、かねての念願を果たすべく光圀は佐々を、一三三六（延元《えんげん》元＝建武《けんむ》三）年に楠木正成《くすのきまさしげ》（?～一三三六）が自刃した場所と伝えられる摂《せっ》津《つ》兵庫浜《ひょうごはま》（神戸市）の湊川《みなとがわ》にまで派遣し、正成の忠臣《ちゅうしん》ぶりをたたえる墓所▲の建

▼**墓所**　現在は神戸《こうべ》市の楠木正成を主祭神とする神社（湊川神社）となっている。創建は一八七二（明治五）年。

造を命じた。

佐々はまず京都で諸準備を整えてから現地にはいり、年末には完成させた。墓碑には光圀自身の揮毫《きごう》になる「嗚呼忠臣楠子之墓《なんしのはか》」の文字を表面に、裏面にはかつて朱舜水《しゅしゅんすい》がつくった「楠公賛《なんこうさん》」の文章を京都の書家に書かせ、彫らせた。その後光圀は、仙台《せんだい》藩主伊達綱村《だてつなむら》（一六五九～一七一九）へ書簡を送り、多賀城碑《たがじょうのひ》▲（多賀城市）の修復を行いたいと申し出、鞘堂の建設も含めこれを実現させている。

紋太夫手討ち一件

一六九四（元禄七）年、六七歳の光圀はその三月、将軍綱吉の命に応じ隠居後はじめて江戸へのぼり、小石川邸に滞在する。四月、江戸城中で綱吉から四書《ししょ》の一つ『大学《だいがく》』の講義を依頼されると、その冒頭の「大学の道は明徳を明らかにするに在り、民に親しむに在り、至善《しぜん》にして止《とど》まるに在り」の箇所について講じ、周《しゅう》王朝八〇〇年の基礎は文王《ぶん》▲の「至善にして止まる」の精神にあることを述べた。この日綱吉は、招致《しょうち》した光圀はじめ前田綱紀《まえだつなのり》▲（金沢《かなざわ》藩主）・井伊直該《いいなおもり》▲（彦根《ひこね》

▼**多賀城碑**　日本三古碑《さんこひ》の一つ。偽作説もあるが、現在は碑文どおり七六二（天平宝字《てんぴょうほうじ》六）年の建立《こんりゅう》と考える説が有力。

▼**文王**　中国周王朝の始祖武《ぶ》王の父。その人物と政治は儒学者の理想とされた。

▼**前田綱紀**　一六四三～一七二四年。

▼**井伊直該**　一六五六～一七一七年。

柳沢吉保像

▼**徳川光貞**　一六二七〜一七〇五年。

▼**老女**　武家の奥向きにつとめ、侍女《じじょ》の筆頭としてその取締りにあたる年長の女性。

藩主）らの前で『論語《ろんご》』の講義を行っていて、その席上、光圀にもと所望したのである。

後日、光圀は、綱吉の側用人《そばようにん》として権勢をふるっていた柳沢吉保《やなぎさわよしやす》（一六五八〜一七一四）に、これからも将軍の講義を拝聴したいので取り次いでほしいと頼み、十月には徳川光貞《みつさだ》▲（和歌山藩主）・徳川綱豊《つなとよ》（甲府《こうふ》藩主）らと登城、ふたたび綱吉の講義を聞くことができた。さっそく柳沢に丁重な礼状を認《したた》めた光圀は、今後ともこうした機会をえたい、と申し送っている。

このように江戸で平穏な日々をすごしていたようにみえた矢先の十一月二十三日、光圀は小石川邸内で水戸藩の大老《たいろう》職にあった藤井《ふじい》紋太夫《もんだゆう》を手討ちにするという事件を起こす。紋太夫は幕臣《ばくしん》荒尾《あらお》平八郎《へいはちろう》の子息であるが、荒尾家の親族で水戸家に仕えていた老女《ろうじょ》▲藤井の養子となって藤井姓を名乗り、小姓《こしょう》として光圀に近侍するようになる。以来つねに光圀の信頼厚く側近として昇進を続け、小姓頭《がしら》から書院番頭《しょいんばんがしら》、さらに老中をかね、一六九三（元禄六）年からは大老となっていた。

事件当日は、幕府の老中、諸大名《だいみょう》、旗本らを藩邸に招いての能《のう》興行中で、光圀もみずから能装束で「千手《せんじゅ》」を舞ったあと楽屋に紋太夫を呼び、問答のあと突然刺殺したのである。現場のすぐ近くで事件を目の当りにしていた侍医《じい》井上玄桐《いのうえげんとう》は『玄桐筆記《げんとうひっき》』のなかでその模様をなまなましく伝えている。

楽屋に呼ばれた紋太夫は帯刀《たいとう》のまま光圀の前に座った。なにやら問答しているようすだったが、つと紋太夫のほうに近づいたかと思うや、突然膝下へその首を敷き伏せながら口を強く膝に押しつけ声をだせないようにしておいて、左右の肩の上の横骨のなかの窪みを一刀ずつ刺した。刺口を紋太夫の衣服でおさえながらぬくと血は一滴も流れず、もはやよかろう、と光圀が立ち退くと、血の胴へ落ちる音が聞こえて紋太夫はそのまま息たえた。

事件当日、光圀が幕府へ提出した届書などをみると、光圀は怒りのあまり咄《とっ》嗟《さ》に刺したのではなく、以前から処罰が念頭にあり、当日の紋太夫の対応いかんではその場での決行もありうると考えていたようである。また、その届書によれば、紋太夫が光圀の引退後、受けてきたこれまでの恩義を忘れ、高慢な態度をみせるようになっていたのでかねて注意はしてきたものの、家臣のあいだにも不安が拡がるようになっていた、という。光圀としても綱條の将来を案ずる気持ちが強くなっていたところへ、呼ばれたからとはいえ帯刀のまま着座したりしたので、その高慢ぶりを怒り、問答の末、成敗におよんだのであろう。三家《さんけ》の隠居が腹心を殺《あや》めた事件だけに、当時から世人の関心を集め、以後いくつもの通俗書が世にでて芝居風に描かれることになる。紋太夫は、隠謀を企んで藩中に党派をつくり、光圀・綱條父子のあいだを裂こうとしたとか、柳沢吉保と通じて光圀乱心の噂《うわさ》を流し、これを将軍の耳にいれ光圀を幽閉同然にしようとしたとか、それらには穿《うが》った話が記されている。

しかし前述した事件直前の光圀と柳沢との関係からみても、紋太夫が柳沢と通謀し、柳沢も紋太夫に与《くみ》して光圀をおとしいれようとしたという説はとても考えられない。ただ、紋太夫が藩中に与党をつくって反対派を抑圧しているとみられても仕方のないような動きがあって、そこに人心動揺の兆候もあらわれていたことは推察できる。

翌九五（元禄八）年一月十六日、光圀は江戸を発ったが、その当日、老中阿部正武と側用人柳沢吉保両人宛に書簡を送り、将軍五〇歳の賀に祝意を表するとともにこれからも機会あるごとに出府し将軍のご機嫌をうかがい、講義や能も

松平頼重像

拝見したいので是非またしかるべき時節には指図を願いたい、と申し送っている。将軍はじめ幕閣《ばっかく》首脳との対人関係について、内心はともかく、表面上では波風を立てぬよう心配りをしていたのである。

二十八日、山荘に帰着したとき光圀は、

立帰る影もはず《（恥）》かし遁《のが》れえぬ
　浮世の塵《ちり》にしばしまじ《（交）》りて

とよんだ。西山の隠士でありたいと願いながら、それになり切れない自分に苦しんでいた心のうちがこの歌にはよく表現されていよう。

この年の四月、前高松《たかまつ》藩主松平《まつだいら》頼重《よりしげ》が七四歳で死去した。光圀は近ごろ兄がやせてきたことを知らされ心配していたところで、できるなら高松までもでかけたいと思い、阿部老中にその了解をえようとしていた矢先だったので、失望は大きかった。兄弟は多かったもののただ一人の同母兄であり、肉親の情には格別なものがあったのである。

光圀の人間像

前述したように、光圀は修史と並行して他の多くの書物も編纂中だったので、史局員の仕事が分散し、肝腎の修史事業に集中できない事情があった。そこで光圀は史局員の意見をいれ、本紀《ほんぎ》・列伝《れつでん》の編纂が終るまでその他の作業を中断してそれに専念させることにした。

一六九六(元禄九)年、六九歳の光圀は、佐々に、「本紀の校訂は始まったばかり、列伝の草稿は未完のまま、自分は年老いた、生前に紀伝の草稿だけでもみておきたい。校訂・補正は次の時代でも遅くはあるまい」(藤田幽谷《ふじたゆうこく》『修《しゅう》史《し》始《し》末《まつ》』▲)と語っている。光圀のあせる気持ちが伝わってくる。そこで、史局の要請をいれて若手の優秀な人材を増員することになり、この年五人があらたに史局員に加わり、総勢五三人となった。

この間、光圀は、安積澹泊《あさかたんぱく》・佐々十竹・中村篁渓《なかむらこうけい》の三者に命じて、本紀・列伝を編纂するための詳細な書法と執筆の基準をつくらせていた。これを「重修《ちょうしゅう》紀伝義例《きでんぎれい》」と称する。「重修」とは、すでに一六九〇(元禄三)年、佐々らにつくらせた「修史義例」の修正版の意であり、執筆をいちだんと加速させるためには

▼**『修史始末』** 二巻。一七九七(寛政《かんせい》九)年の成立。彰考館編修(一八〇七〈文化四〉年から総裁)の藤田が一六四五(正保《しょうほう》二)年から一七九七年までの修史の経過を関連史料を引用しつつ年代順に叙述。その間、適宜「一正按」(一正は幽谷の諱《いみな》)として自己の見解も記す。菊池謙二郎編『幽谷全集』所収。

より具体的な編纂指針を確認し、また追加する必要があったのである。それができたとき安積は、「重修紀伝義例の後に書す」（原漢文）と題する一文を草し、そこで、歴史家は、厳密な史料批判を行いうる高い能力と、当今とは生活習慣の異なる過去を叙述する史書の執筆にはその時代状況を的確に把握する知見とを兼ね備えることが重要だ、と説いている。

この文章を読んだとき光圀は安積の見識にたいそう満足のようすであった。安積の伝えるところによれば、光圀は、日頃から史局員に、自分たちの編んでいる史書は、後世必ず立派な歴史家が出現してより充実した史書をつくるだろうから、そのためのよき参考文献になればよいのだ、と語っていたという。光圀は、この史書の本文の一区切ごとにその出典を明記する方式をとらせていたのであるが、それはこの史書の信頼性を高めたいという意図はもちろんながら、後世の歴史家のために少しでも便宜をあたえたいとする態度でもあったと考えられる。

このような経過のなかで修史はかなり進捗《しんちょく》し、翌一六九七（元禄十）年には百代後小松《ごこまつ》天皇までの本紀（「百王本紀《ひゃくおうほんぎ》」）が一応できた。

なお、いわゆる三大特筆が確定する以前、列伝にはいっていた北朝《ほくちょう》の五人の天皇はすでに一六八九(元禄二)年ころ安積の主張によって「後小松天皇紀」の初めに帯書《おびがき》することに変更されていた。

光圀は「百王本紀」ができたことを非常に喜ぶとともに、未完の列伝に全力をそそぐため史局員の主力を水戸城内に移すことを指令した。すなわち安積澹泊・中村篁渓ら二九人を水戸勤務とし、残り二四人はこれまでどおり江戸にとどめた。山荘との連携を密にしながら両館あげて修史のいっそうの促進を期そうとしたのである。

これよりさきの一六九五(元禄八)年、光圀は京都の遣迎院応空《けんごういんおうくう》宛に、史料収集についての協力を要請する長文の書簡を送っていた。この書簡の一部はすでに引用しておいたが、ここではまた別の箇所を紹介する。

私は上古から近来までの出来事を記録にとどめ後世の重宝《ちょうほう》にもしたいと、これまで本朝《ほんちょう》の史書を編纂してきた。武家《ぶけ》に成長した私ではあるが、世は太平《たいへい》の時代、いかにしても武名《ぶめい》を立てることはできない。それゆえ、家業ではないけれども、本朝の史書をはじめとする書物を編纂すれば私の名も少しは後世に伝えられるかも知れない、そう思っている。しかし、もう年老いて人生の持ち時間も少ない。なんとか大願を成就したいものだ。

晩年近くなっても光圀の修史への情熱は変らず、しかも前述のように「近来まで」(同書簡の前に引用した箇所では「近代まで」)、おそらく一〇〇年ほど前まで書き継ぐことを念願していたわけである。前に引用した箇所を参照すると光圀自身、編纂中の史書を「本朝の史記」にしたいと考えていたことも判明する。

右の書簡にはもう一つ注目すべき文面がある。それは、太平の時代ゆえ家業ではないけれども書物編纂によって自己の名を後世に伝えたい、と述べている箇所である。すなわちこの文面から、父頼房の厳しい訓練を受けながらたくましい武人・武将になることを期待されてきた光圀は終生自己の本領は武人であると強く自覚していたこと、そしてその自覚と修史や諸書の編纂さらには文化財保護活動など一連の文化事業との関連性をはっきり読みとれることは、とりわけ興味深い。

『玄桐筆記』のなかには次のような記事がみえる。

光圀は、戦陣を経験した者を果報者、あやかり者と称して厚遇する。養女の嫁ぎ先の岩船《いわふね》の願入寺《がんにゅうじ》▲へでかけるときには決って伊駒不半《いこまふはん》という者を召しだし、膝元まで近よらせ盃《さかずき》をくださる。伊駒は極老の人なので、眼・口・鼻から涙や涎《よだれ》が流れ出て、それが盃のなかにはいることがある。お付の者が気の毒がるのをご覧になって微笑み、お前たちが喜ぶ艶婦美童《えんぷびどう》の盃よりもこれこそ美しいのだ、とおおせられた。……常々おおせられていたことは、壮年の時分より身はその日限りのものと考え、外出のときには二度と屋敷へは戻れぬと思い定めており、隠居後もどこへでかけようと、やはり山荘へは生きて帰れないと覚悟していた、と。

光圀の精神は、その中核には武人・武将としての誇りと覚悟が厳然と存在し、それを包み込むように一八歳から自覚的に蓄積してきた儒教・和歌《わか》・和学《わがく》、そしてその外側には仏教の、知識・教養がしだいに層をなしつつ、文人としても厚みを増してきた、という構造になろう。

時としてみせる光圀の峻厳な言動には、その精神構造の外側を取り巻いている文人の層を突きぬけて噴出する武将の顔が覗いている。常在戦場という不断の心構えと、修史や古典研究の主宰者として名を後世に残したいとする念願と

▼**願入寺**　茨城県東茨城郡大《おお》洗《あらい》町にある浄土真宗《じょうどしんしゅう》の寺。号が岩船山《いわふねさん》恵《え》明院《みょういん》。親鸞《しんらん》の孫如信《にょしん》の開基でもと奥州《おうしゅう》白河《しらかわ》郡に所在し、のち常陸国へ移ったが衰微。一六七五(延宝三)年光圀により再興。寺領三〇〇石《こく》をあたえられ、七堂《しちどう》伽藍《がらん》が整備された。一八六四(元《げん》治《じ》元)年の幕末藩内抗争(いわゆる天狗《てんぐ》・諸生《しょせい》の乱《らん》)で焼失。一九六二(昭和三十七)年に本堂のみ再建された。

が経《たていと》となり緯《よこいと》となって織りなす光圀の人間像は、戦国時代の余風もようやく後景に退き、変って太平の時代がせり上がってくるその歴史的転換の舞台に立っていた一人の人間の強烈な自己主張として、とらえることができるのであろう。

晩年と終焉

致仕前から健康不安をかかえていたものの、山荘の清澄《せいちょう》な空気のなかでしばらくは小康を保っていたようで、光圀はその後も藩内各地へ忙しくでかけていた。

この間、かつての寺社改革の延長として、全藩にわたり、八幡改《はちまんあらた》め▲あるいは八幡潰《つぶ》しといわれる神社整理を一六九三(元禄六)年から始め、それは数年におよんだ。この政策は、神社から仏教色を一掃することにより、これまで神社にあった神仏習合《しんぶつしゅうごう》の風習の解消をはかったもので、神道《しんとう》と仏教それぞれの純正を保持すべしとする信念は一貫して変らなかった。

しかしながら、個人的には、年齢を重ねるごとに仏教に心引かれる思いを強めつつあった光圀は一六九六(元禄九)年の十二月二十三日、ついに落飾《らくしょく》する挙

▼**八幡改め**　八幡とは八幡神のことで、もっとも早い神仏習合神。平安時代末期から源氏《げんじ》の氏神《うじがみ》とする信仰により武神《ぶじん》としての性格を強め、全国に広まった。水戸藩内六六の八幡社のうち一五社が潰しすなわち破却され、四三社が改めすなわち祭神を吉田《よしだ》明神・静《しず》明神・鹿島《かしま》明神などに変更させられた。

にでたのである。当日は夫人尋子《ちかこ》の命日だったので、その日を機としての決断だったことはまちがいない。七〇歳を目前にしてのこの決断は、名実ともに世外の人でありたいと切望する気持ちがいよいよ強まってきていたからであろう。

かたち（形）よりせめて入《いる》さの法《のり》の道
　分《わけ》て尋ねん峯の月影

「頭をろ（下）してそのよ（夜）口にまかす（任）」と詞書《ことばがき》のついたこの歌は、「せいぜい僧形《そうぎょう》からはいることにしよう、この仏道修行に、道に踏み入って仏教の真理である真如の月が頂上に輝くさまをたずねたいものだ」という意味に解される。尊儒斥《そんじゅせき》仏《ぶつ》を強く主張していた若いころの光圀とはまるで別人のようである。

一六九九（元禄十二）年の年末、待望の皇后・皇子・皇女伝の清書が山荘に届けられた。これを手元にとどめ、安積・中村らが山荘へ参上するたびにいろいろと意見を伝える光圀であったが、この年末から食べ物が胸につかえる症状がでて食事も進まなくなり、傍目《はため》にもやせて体力の衰えがめだつようになった。

一七〇〇（元禄十三）年になるとさらに体調は悪化し、五月の初め寝覚めのとき、時鳥《ほととぎす》の声を聞いて、

瑞龍山墓所にある光圀夫妻の墓（向かって左が光圀）

▼**徳川吉孚**　一六八五〜一七〇九年。幼名菊千代《きくちよ》。綱條の世子だったが、二五歳で病死。

ほととぎすなれ（汝）もひとりはさび（寂）しきに
　　我をもさそ（誘）へ死出《しで》の山路に

とよんでいる。

その八月、総裁安積澹泊が江戸へ転勤することになり暇《いとま》乞いに山荘をたずねると、光圀は世子吉孚《よしざね》▲に宛てた一〇カ条の伝言を安積に託し、安積はそれを文章にまとめ、小石川邸で吉孚に渡した（『西山《せいざん》遺聞《いぶん》』所収）。そのなかで光圀は、刀の寸法から軍学《ぐんがく》・兵法《へいほう》の学び方、さらにはいかなる大寒大暑の時節に野陣《のじん》を張ることになっても苦痛を感じないよう体力増強につとめよなどと、武将としての心構えをこまごまと諭《さと》している。死を覚悟していたこの時期、一入《ひとしお》可愛がっていた世子のために遺言《ゆいごん》のつもりで贈ったものにちがいない。戦場で武勲を輝かしたいと願う武士の魂こそ光圀の生活力の源泉だったことを改めて知ることができる。

十月になると病勢いよいよつのり、幕府からも医者が入れ代わり立ち代わりかけつけて治療にあたったが、足かけ一〇年住んだ山荘で十二月六日、藩主綱條はじめ侍臣《じしん》・侍医にみまもられながら眠るように息を引きとった。享年七三。

瑞龍山の墓地のなかの、寿蔵碑「梅里先生墓」の後方一段高いところに儒礼《じゅれい》の形式で埋葬されたのは、十二日である。義公《ぎこう》と諡《おくりな》された。

同月、本紀六七冊、后妃・皇子・皇女伝四〇冊、列伝（神武《じんむ》天皇から持統《じとう》天皇まで）五冊、都合紀伝一一二冊ができあがった。ただし、この紀伝が二日から床についていた光圀の目にふれることはなかったであろう。光圀の熱望にもかかわらず、生前に紀伝全体の成稿はついに果たせなかったのであるが、本紀は一応完成、列伝も文武《もんむ》天皇（六八三〜七〇七）以降の草稿が半分以上はできていたので、その骨格は生前にほぼかたまっていたといってよいであろう。▲

光圀が死去したという知らせに、江戸の市中には、「天《あめ》カ下《した》二ツノ宝ツキハテヌ佐渡《さど》ノ金山《きんざん》水戸ノ黄門」という落首《らくしゅ》がでたという（『水戸紀年《きねん》』）。幕府の宝であった佐渡の金山もこのころにはまったく不振におちいっていて、その衰退が光圀の死とならべて謳《うた》われたのである。江戸の市民の心のなかに、生前の光圀が佐渡の金山にも比すべき「宝」として映っていたとするならば、後世の光圀名《めい》君《くん》伝説の源流とも考えられ興味深い。綱吉の生類憐みの令への江戸市民の反感が徳川一門《いちもん》の長老としての光圀の人気をより高める結果ともなっていたのであ

▼**「その骨……ろう」**　『大日本《だいにほん》史《し》』という書名が決まったのは一七一五（正徳《しょうとく》五）年のことである。その後も修訂を加えつつ、本紀七三巻、列伝一七〇巻、志一二六巻、表二八巻の四部門と目録五巻すべて四〇二巻として完成するのは一九〇六（明治三十九）年で、光圀の事業開始から数えると二世紀半の歳月を要したことになる。

ろう。

一方、水戸藩内に目を向けるならば、光圀致仕後の藩財政は悪化の一途をたどっていた。次の藩主綱條の時代、この状況を打開すべく「宝永《ほうえい》の新法」と称される藩政初の本格的改革を企て、年貢《ねんぐ》の増徴、藩札《はんさつ》の発行、新田の開発、運河の開削などを矢継ぎ早に打ち出した。それでも、なんら実効が上がらなかったばかりか、逆にこの改革で深刻な痛手をこうむった農民は、藩全体を巻き込む大一揆《いっき》さえ引き起こす(『水戸市史』中巻(二))。

藩成立当初からの苦しい財政事情のなか、四〇年以上にわたって「本朝の史記」編纂を中心とする多方面の文化事業を継続してきた光圀であれば、藩政をこうした苦境に立たしめた責任からまぬがれることはむずかしい。しかし、かりにこれらの文化事業を除外した場合、光圀自身はもとより水戸藩の存在意義すらはなはだ希薄なものとならざるをえない。とすれば、こうした相反する評価をともに背負わなければならないのは、光圀の宿命ともいえるのではあるまいか。

2000年
水戸市史編さん委員会編『水戸市史』中巻㈠・㈡, 水戸市, 1968・69年
宮田正彦『光圀夫人泰姫と左近局』(水戸の人物シリーズ２)水戸史学会, 1985年
山室恭子『黄門さまと犬公方』(文春新書)文藝春秋, 1998年
山本博文『徳川将軍と天皇』中央公論社, 1999年
吉田一徳『大日本史紀伝志表撰者考』風間書房, 1965年
吉田俊純『水戸光圀の時代―水戸学の源流―』校倉書房, 2000年

写真所蔵・提供者一覧(敬称略, 五十音順)

一蓮寺　　p. 78
茨城県立歴史館　　p. 67上・下, 75下右
笠石神社　　p. 75下左
久昌寺・鴨志田篤二(撮影)　　扉
久昌寺　　p. 38
弘道館　　p. 39上
財団法人出光美術館　　カバー表
財団法人水府明徳会　彰考館徳川博物館　　カバー裏, p. 89
東京国立博物館・Image：TNM Image Archives　　p. 11
東京大学史料編纂所　　p. 21(模写), 53
徳川美術館　　p. 50
福泉寺　　p. 70
松平公益会・香川県立ミュージアム　　p. 81
水戸市立博物館　　p. 27, 45
水戸東照宮　　p. 9
著者　　p. 2, 6, 17, 35, 39下右・下左, 42, 58, 63, 75上

参考文献

石原道博『朱舜水』(人物叢書)吉川弘文館, 1961年
稲葉君山編『朱舜水全集』文会堂書店, 1912年
茨城県史編さん委員会編『茨城県史料』近世政治編Ⅰ, 茨城県, 1970年
茨城県史編集会編『茨城県史料』近世思想編, 茨城県, 1989年
茨城県立歴史館編『光圀』(展示会図録)茨城県立歴史館, 2000年
永年会編『増補 高松藩記』香川県教育図書株式会社, 1932年
大井ミノブ「陽明文庫所蔵の婚姻史料―近衛信尋の女と徳川光圀―」『史艸』(日本女子大学) 5号, 1964年
梶山孝夫『大日本史と扶桑拾葉集』錦正社, 2002年
金井圓校注『土芥寇讎記』人物往来社, 1967年
京都大学文学部所蔵『大日本史編纂記録』(原題『往復書案』)
金海南『水戸黄門「漫遊」考』新人物往来社, 1999年
久野勝弥「佐々宗淳『那須国造碑』修理関係書簡について」『芸林』23巻3号, 1972年
黒板勝美編輯『徳川実紀』(『新訂増補 国史大系』第2～6編)吉川弘文館, 1976年
斎木一馬・岩沢愿彦校訂『徳川諸家系譜』第1・2・3, 続群書類従完成会, 1970・74・79年
佐藤次男「徳川光圀と快風丸の蝦夷地探検について」『水戸史学』8号, 1978年
鈴木健一『林羅山年譜考』ぺりかん社, 1999年
瀬谷義彦「水戸学の背景」『水戸学』(日本思想大系53)岩波書店, 1973年
瀬谷義彦『水戸の光圀』茨城新聞社, 1985年
瀬谷義彦『茨城地方史の断面』茨城新聞社, 2004年
但野正弘『新版 佐々宗淳』錦正社, 1988年
塚本学『徳川綱吉』(人物叢書)吉川弘文館, 1998年
辻善之助『日本文化史』第5, 春秋社, 1949年
常磐神社・水戸史学会編『徳川光圀関係史料水戸義公伝記逸話集』吉川弘文館, 1978年
徳川圀順編『水戸義公全集』上・中・下, 水府明徳会, 1970年
栃木県教育委員会・栃木県立なす風土記の丘資料館編『水戸光圀公の考古学』栃木県教育委員会, 2004年
中村幸彦「水戸黄門記をめぐって」『中林幸彦著述集』第10巻, 中央公論社, 1983年
名越時正『水戸光圀』日本教文社, 1972年
野口武彦『徳川光圀』(朝日評伝選7)朝日新聞社, 1976年
林忠・林恕共撰『国史館日録』(『本朝通鑑』第16)国書刊行会, 1919年
常陸太田市史編さん委員会編『常陸太田市史』通史編上, 常陸太田市, 1984年
尾藤正英「水戸学の特質」『水戸学』(日本思想大系53)岩波書店, 1973年
尾藤正英『日本の歴史19　元禄時代』小学館, 1975年
福田耕二郎「義公の諱, 圀字使用年月考」『郷土文化』(茨城県郷土文化研究会) 5号, 1964年
福田耕二郎『水戸の彰考館―その学問と成果―』水戸史学会, 1991年
藤井譲治『徳川家光』(人物叢書)吉川弘文館, 1997年
松平公益会編『高松藩祖 松平頼重伝』松平公益会, 1964年
御厨義道「高松松平家の成立と御三家」『徳川御三家展』(図録)香川県歴史博物館,

徳川光圀とその時代

西暦	年号	齢	おもな事項
1628	寛永５	1	*6–10* 水戸城下柵町の三木之次邸で，初代藩主徳川頼房の３男として誕生。幼名は長丸
1629	6	2	*2–* 頼房，将軍家光から小石川藩邸を賜る(上屋敷)
1633	10	6	*11–* 世子に決定する。*12–* 小石川邸に上がる？
1636	13	9	*7–* 将軍家光の命により，江戸城中で仮元服し，同時に従四位下左衛門督に叙せられ，家光から偏諱をあたえられ光国と名乗る
1643	20	16	このころ自由奔放な生活を送り，父や傅を困惑させる
1645	正保２	18	この年，司馬遷『史記』「伯夷叔斉伝」を読み発奮して学問に志すという
1654	承応３	27	*4–* 近衛家の息女泰姫と結婚する
1657	明暦３	30	*2–* 駒込の別邸に史局を開き，史書の編纂を始める
1658	万治元	31	閏*12–23* 泰姫没(21歳)
1661	寛文元	34	*8–19* 幕命により水戸藩28万石を襲封
1665	5	38	*7–* 朱舜水を水戸藩に招く。*12–* 藩内の淫祠を破却する
1672	12	45	この年春，駒込邸内の史局を小石川邸内に移し，彰考館と名づける
1674	延宝２	47	*4–22* 藩内南部の巡見に出発，下総・上総をへて鎌倉にいたり，英勝寺に逗留，藤沢をへて小石川邸に戻る
1676	4	49	この年から彰考館員を全国各地へ派遣，史書編纂のための史料調査を開始する
1683	天和３	56	閏*5–*「光圀」の署名初出。この年，「新撰紀伝」104巻できる
1684	貞享元	57	*5–* 彰考館を天神坂上に新築する
1687	4	60	*9–* 那須国造碑の修復を佐々十竹・大金重貞に命ずる
1688	元禄元	61	*2–* 快風丸，那珂湊を出帆(第３回蝦夷地探検)
1690	3	63	*10–14* 家督を養嗣子綱條に譲り隠居。*10–15* 権中納言に任ぜられる
1691	4	64	*5–* 西山の山荘に移る。*10–1* 寿蔵碑(梅里先生墓)を瑞龍山に建て，衣冠魚帯を埋める
1692	5	65	*6–* 湯津上村に赴き，修理をおえた那須国造碑と調査をおえた上侍塚・下侍塚古墳を視察する。*8–* 佐々十竹に命じて摂津湊川に楠木正成の碑を建てる
1694	7	67	*3–4* 将軍綱吉の命を受け出府。*11–23* 藤井紋太夫を手討ちにする
1695	8	68	*1–28* 山荘へ帰着
1696	9	69	*12–23* 落飾する
1697	10	70	*12–*「百王本紀」できる
1700	13	73	*8–* 世子吉孚に安積澹泊を介して10カ条の心得を伝える。*12–6* 西山の山荘において没する。*12–* 本紀・列伝都合112冊できる

鈴木暎一(すずき えいいち)
1939年生まれ
東京大学大学院人文科学研究科国史学専攻修士課程修了
文学博士
専攻，日本近世史
現在，茨城大学名誉教授
主要著書
『橘守部』(人物叢書，吉川弘文館1972)
『水戸藩学問・教育史の研究』(吉川弘文館1987)
『藤田東湖』(人物叢書，吉川弘文館1998)
『国学思想の史的研究』(吉川弘文館2002)
『徳川光圀』(人物叢書，吉川弘文館2006)

日本史リブレット人 048
徳川光圀《とくがわみつくに》
「黄門さま」で名高い水戸藩主
2010年11月20日　1版1刷　発行
2019年9月15日　1版3刷　発行
著者：鈴木暎一
発行者：野澤伸平
発行所：株式会社 山川出版社
〒101－0047　東京都千代田区内神田1－13－13
電話 03(3293)8131(営業)
03(3293)8135(編集)
https://www.yamakawa.co.jp/
振替 00120-9-43993
印刷所：明和印刷株式会社
製本所：株式会社 ブロケード
装幀：菊地信義

Printed in Japan ISBN 978-4-634-54848-0

日本史リブレット 人

1 卑弥呼と台与――仁藤敦史
2 倭の五王――森 公章
3 蘇我大臣家――佐藤長門
4 聖徳太子――大平 聡
5 天智天皇――須原祥二
6 天武天皇と持統天皇――義江明子
7 聖武天皇――寺崎保広
8 行基――鈴木景二
9 藤原不比等――坂上康俊
10 大伴家持――鐘江宏之
11 桓武天皇――西本昌弘
12 空海――曾根正人
13 円珍と円仁――平野卓治
14 菅原道真――大隅清陽
15 藤原良房――今 正秀
16 宇多天皇と醍醐天皇――川尻秋生
17 平将門と藤原純友――下向井龍彦
18 源信と空也――新川登亀男
19 藤原道長――大津 透
20 清少納言と紫式部――丸山裕美子
21 後三条天皇――美川 圭
22 源義家――野口 実
23 奥州藤原三代――斉藤利男
24 後白河上皇――遠藤基郎
25 平清盛――上杉和彦
26 源頼朝――高橋典幸
27 重源と栄西――久野修義
28 法然――平 雅行
29 北条時政と北条政子――関 幸彦
30 藤原定家――五味文彦
31 後鳥羽上皇――杉橋隆夫
32 北条泰時――三田武繁
33 日蓮と一遍――佐々木馨
34 北条時宗と安達泰盛――福島金治
35 北条高時と金沢貞顕――永井 晋
36 足利尊氏と足利直義――山家浩樹
37 後醍醐天皇――本郷和人
38 北畠親房と今川了俊――近藤成一
39 足利義満――伊藤喜良
40 足利義政と日野富子――田端泰子
41 蓮如――神田千里
42 北条早雲――池上裕子
43 武田信玄と毛利元就――鴨川達夫
44 フランシスコ＝ザビエル――浅見雅一
45 織田信長――藤田達生
46 徳川家康――藤井讓治
47 後水尾天皇と東福門院――山口和夫
48 徳川光圀――鈴木暎一
49 徳川綱吉――福田千鶴
50 渋川春海――林 淳
51 徳川吉宗――大石 学
52 田沼意次――深谷克己
53 遠山景元――藤田 覚
54 酒井抱一――玉蟲敏子
55 葛飾北斎――小林 忠
56 塙保己一――高埜利彦
57 伊能忠敬――星埜由尚
58 近藤重蔵と近藤富蔵――谷本晃久
59 二宮尊徳――舟橋明宏
60 平田篤胤と佐藤信淵――小野 将
61 大原幽学と飯岡助五郎――高橋 敏
62 ケンペルとシーボルト――松井洋子
63 小林一茶――青木美智男
64 鶴屋南北――諏訪春雄
65 中山みき――小澤 浩
66 勝小吉と勝海舟――大口勇次郎
67 坂本龍馬――井上 勲
68 土方歳三と榎本武揚――宮地正人
69 徳川慶喜――松尾正人
70 木戸孝允――一坂太郎
71 西郷隆盛――德永和喜
72 大久保利通――佐々木克
73 明治天皇と昭憲皇太后――佐々木隆
74 岩倉具視――坂本一登
75 後藤象二郎――鳥海 靖
76 福澤諭吉と大隈重信――池田勇太
77 伊藤博文と山県有朋――西川 誠
78 井上馨――神山恒雄
79 河野広中と田中正造――田崎公司
80 尚泰――川畑 恵
81 森有礼と内村鑑三――狐塚裕子
82 重野安繹と久米邦武――松沢裕作
83 徳富蘇峰――中野目徹
84 岡倉天心と大川周明――塩出浩之
85 渋沢栄一――井上 潤
86 三野村利左衛門と益田孝――森田貴子
87 ボアソナード――池田眞朗
88 島地黙雷――山口輝臣
89 児玉源太郎――大澤博明
90 西園寺公望――永井 和
91 桂太郎と森鷗外――荒木康彦
92 高峰譲吉と豊田佐吉――鈴木 淳
93 平塚らいてう――差波亜紀子
94 原敬――季武嘉也
95 美濃部達吉と吉野作造――古川江里子
96 斎藤実――小林和幸
97 田中義一――加藤陽子
98 松岡洋右――田浦雅徳
99 溥儀――塚瀬 進
100 東条英機――古川隆久

〈白ヌキ数字は既刊〉